AVALIAÇÃO DOS **RISCOS PSICOSSOCIAIS** NO TRABALHO

O primeiro passo para a prevenção

Lúcia Simões Sebben

AVALIAÇÃO DOS RISCOS PSICOSSOCIAIS NO TRABALHO

O primeiro passo para a prevenção

Artesã
2025

Avaliação dos riscos psicossociais no trabalho - o primeiro passo para a prevenção

DIRETOR
Alcebino Santana

DIREÇÃO DE ARTE
Tiago Rabello

REVISÃO:
Débora Andreza Zacharias

CAPA:
Gustavo Prates Martins

PROJETO GRÁFICO E DIAGRAMAÇÃO
Marcos Digues

Catalogação na publicação
Elaborada por Bibliotecária Janaina Ramos – CRB-8/9166

S443a

Sebben, Lúcia Simões,

Avaliação dos riscos psicossociais no trabalho: o primeiro passo para a prevenção / Lúcia Simões Sebben; Prefácio de Roberto Moraes Cruz - Belo Horizonte: Artesã, 2025.

208 pág. 16x23 cm
ISBN: 978-85-7074-136-3

1. Psicologia aplicada ao ambiente de trabalho. 2. Segurança no trabalho. 3. Saúde mental. I. Sebben, Lúcia Simões. II. Cruz, Roberto Moraes (Prefácio). III. Título.

CDD:158.7

Índice para catálogo sistemático

1. Psicologia aplicada ao ambiente de trabalho

IMPRESSO NO BRASIL
Printed in Brazil

(31) 2511-2040 (31) 99403-2227
www.artesaeditora.com.br
Rua Rio Pomba 455, Carlos Prates - Cep: 30720-290 | Belo Horizonte - MG
/artesaeditora

AGRADECIMENTOS

Aos meus pais, meus filhos e netos, que me acompanham e me apoiam incondicionalmente, nos melhores e piores momentos, com paciência e amor.

Aos meus amigos, colegas e parceiros de trabalho, que me incentivam a seguir aprendendo e evoluindo como profissional, mas, sobretudo, como ser humano.

Aos meus clientes e alunos, que confiam no meu trabalho e depositam em mim suas expectativas e o compromisso de uma entrega qualificada.

Vocês me conectam ao que há de melhor em mim, e me inspiram a seguir minha jornada com total firmeza de propósito frente à minha responsabilidade diante do mundo em que vivo. Gratidão imensa!

Para Gelza Cordeiro, Marcia Romeiro e Roberto Cruz que colaboraram com esta obra, sobretudo com minha carreira, marcando momentos que fizeram a diferença, e ganham aqui seu destaque merecido.

A gratidão de quem recebe um
benefício é sempre menor que o prazer
daquele de quem o faz.
(Machado de Assis)

Ao meu neto Danny
Que me apresentou para a mais intensa
forma de AMOR que pude conhecer
e que, durante sua breve passagem por
este planeta,
me trouxe a inspiração para trabalhar
pela VIDA e pela SAÚDE.

Prefácio

O mundo do trabalho é um fenômeno complexo e intrinsecamente relacionado à manutenção da vida, à geração de necessidades e possibilidades de realização humana. As organizações de trabalho e seus respectivos protagonistas — as pessoas que mobilizam suas forças, interesses, motivações e desejos para trabalhar — desempenham um papel fundamental na configuração das dinâmicas sociais e econômicas.

Nesse contexto, a avaliação de fatores de risco e de proteção psicossociais relacionados ao trabalho (FRPT) é uma necessidade premente à identificação exigência e situações que possam desfavorecer a saúde e a segurança dos trabalhadores. Os FRPT são condições presentes em ambientes de trabalho que estão relacionadas à organização do trabalho, à natureza da atividade, aos meios de execução das tarefas e ao ambiente. Eles impactam tanto o desenvolvimento das atividades laborais quanto a saúde e a segurança dos trabalhadores.

A saúde física e mental dos trabalhadores e a segurança pessoal e coletiva no ambiente de trabalho é influenciada por uma série de fatores organizacionais, de gestão e pessoais. Para garantir um ambiente de trabalho saudável, é crucial que as organizações realizem avaliações sistemáticas dos fatores de risco psicossociais envolvidos na atividade de trabalho e seus limites de contenção e mitigação de efeitos desfavoráveis no ambiente de trabalho, especialmente os acidentes e as doenças relacionadas ao trabalho. Dentre os mais recorrentes: as precárias condições e meios de realização do trabalho, a sobrecarga física e mental, a pressão por metas e prazos, os conflitos interpessoais e a cultura de insegurança. Esses fatores contribuem para a manifestação de problemas de saúde, tais como os transtornos de humor, de ansiedade e de estresse, impactando não apenas a integridade física e psicológica dos trabalhadores, mas também a produtividade e a eficiência organizacional.

Além da identificação de fatores de risco, é igualmente importante considerar os fatores de proteção psicossociais. Esses fatores incluem o suporte social e profissional, as oportunidades de desenvolvimento na carreira, o reconhecimento e a autonomia no trabalho. O suporte social, tanto de colegas quanto de familiares, pode proporcionar um ambiente de segurança e confiança, algo essencial para o bem-estar psicológico. O suporte profissional, por sua vez, oferece recursos e orientações que ajudam na superação de desafios e no crescimento contínuo. As oportunidades de desenvolvimento na carreira são cruciais para manter a motivação e o engajamento. Quando os indivíduos percebem que têm a chance de crescer e evoluir em suas funções, eles tendem a se sentir mais satisfeitos e comprometidos com seu trabalho. O reconhecimento pelo trabalho realizado e a autonomia para a tomada de decisões também são fatores importantes. O reconhecimento valida os esforços e conquistas, enquanto a autonomia permite que os indivíduos sintam que têm controle sobre suas tarefas e responsabilidades, aumentando a sensação de competência e realização.

Organizações que promovem um ambiente de apoio e valorização tendem a ter profissionais mais engajados e resilientes. A implementação de programas de saúde, segurança e bem-estar, por meio de processos de aquisição e desenvolvimento de habilidades de enfrentamento e gestão de perigos e estressores no ambiente de trabalho, pode fortalecer os fatores de proteção e ajudar os trabalhadores a lidarem melhor com os desafios. A legislação trabalhista em muitos países já reconhece a necessidade de proteger a saúde mental dos trabalhadores, mas a implementação efetiva dessas políticas, muitas vezes, é negligenciada. As organizações precisam ir além do cumprimento legal e adotar uma abordagem proativa, investindo em programas de prevenção e promoção da saúde mental.

A avaliação de FRPT deve ser um processo contínuo, com revisões regulares e ajustes conforme necessário. A dinâmica do trabalho está em constante mudança, e as organizações devem estar preparadas para se adaptar a elas. Ao priorizar a saúde e segurança dos trabalhadores, as organizações não apenas cumprem as suas obrigações éticas e legais, mas também colhem os benefícios de um grupo de trabalho mais saudável, motivado e produtivo.

Este livro, produzido pela psicóloga Lúcia Simões Sebben e seus colaboradores, incentiva a leitura técnica e o uso profissional dos métodos e recursos da avaliação FRPT no contexto organizacional. Esclarece um conjunto de dúvidas e diferenças de entendimento sobre o trabalho efetivos dos profissionais de Psicologia, ampliando e aperfeiçoando o entendimento sobre as demandas, foco de análise, uso de recursos técnicos e produção de evidências relevantes à gestão do trabalho.

Roberto Moraes Cruz, Dr.
Universidade Federal de Santa Catarina

Sumário

1

Introdução

Em 2006, o Ministério do Trabalho e do Emprego do Brasil, divulgou o Guia Técnico da Norma Regulamentadora 33 (NR 33), que trata da segurança e saúde nos trabalhos em espaços confinados. O guia foi elaborado com o objetivo de fornecer orientações detalhadas para a identificação, avaliação e controle dos riscos associados a esses ambientes. Atualizada em outubro de 2022, a NR 33 define espaços confinados como qualquer área ou ambiente que não foi projetado para ocupação humana contínua, possui meios limitados de entrada e saída, onde pode existir uma atmosfera perigosa.

A atualização de outubro de 2022 reforçou a importância do gerenciamento de riscos ocupacionais nesses ambientes, destacando a necessidade de sinalização adequada, a implementação de medidas de prevenção, assim como a importância de um plano de emergência bem estruturado e a realização de treinamentos periódicos para todos os envolvidos. Além disso, a NR 33 inclui a avaliação dos fatores de riscos psicossociais em espaços confinados para garantir a saúde, a segurança e o bem-estar dos trabalhadores e prevenir acidentes.

É importante compreender o termo "espaço confinado" definido como todo e qualquer ambiente não projetado para ocupação humana prolongada e que não possua meios de entrada e saída adequados, e que não haja condições de ventilação suficientes para remover contaminantes, permitindo, assim, a oxigenação adequada para garantir a segurança do trabalhador (Brasil, 2020).

Fig.1 — Sinalização obrigatória para espaço confinado

O Guia Técnico NR 33, elaborado pelo Ministério do Trabalho, em 2013, e atualizado em outubro de 2022, identifica espaços confinados nas seguintes atividades econômicas:

Atividade econômica e espaços confinados típicos:

1. *Agricultura*: biodigestores, silos, moegas, tremonhas, tanques, transportadores enclausurados, elevadores de caneca, poços, cisternas, esgotos, valas, trincheiras.
2. *Construção civil*: poços, valas, trincheiras, esgotos, escavações, caixas, caixões, *shafts* (passa-dutos), forros, espaços reduzidos (onde a movimentação é realizada por rastejamento).
3. *Alimentos*: tubos, bacias, panelões, fornos, depósitos, silos, tanques, misturadores, secadores, lavadores de ar, tonéis.

4. *Têxtil*: caixas, recipientes de tingimento, caldeiras, tanques, prensas.
5. *Papel e polpa*: depósitos, torres, colunas, digestores, batedores, misturadores, tanques, fornos, silos.
6. *Editoras e impressão*: gráfica tanques
7. *Indústria do petróleo e indústrias químicas*: reatores, colunas de destilação, tanques, torres de resfriamento, áreas de diques, tanques de água, filtros coletores, precipitadores, lavadores de ar, secadores.
8. *Borracha*: tanques, fornos, misturadores.
9. *Tabaco*: secadores, tonéis.
10. *Concreto, argila, pedras, cerâmica e vidro*: fornos, depósitos, silos, tremonhas, moinhos, secadores.
11. *Metalurgia*: depósitos, dutos, tubulação, silos, poços, tanques, desengraxadores, coletores e cabines.
12. *Eletrônica*: desengraxadores, cabines e tanques.
13. *Transporte*: tanques nas asas dos aviões, caminhões-tanque, vagões ferroviários, tanque, navios-tanque.
14. *Serviços de sanitários, de águas e de esgotos.*
15. *Serviços de gás, eletricidade e telefonia.*
16. Poços de válvulas, cabos, caixas, caixões, enclausuramento, poços, poços químicos, incineradores, estações de bombas, reguladores, poços de lama, poços de água, digestores, caixas de gordura, estações elevatórias, esgotos e drenos.
17. *Equipamentos e máquinas*: caldeiras, transportadores, coletores e túneis.
18. *Operações marítimas*: porões, contêineres, caldeiras, tanques de combustível e de água e compartimentos.

Risco psicossocial, por sua vez, diz respeito a todas as pressões da vida diária geradas pelo trabalho e pela vida pessoal que impactam na saúde mental do indivíduo. Diante disso, é necessário revisar a premissa de que devemos separar vida pessoal e trabalho.

A antiga crença, ainda cobrada por muitas organizações, de que todos os nossos problemas pessoais devem ficar do lado de fora da empresa, passa a ser rejeitada. A saúde mental do trabalhador é, também, afetada pelos problemas domésticos e, portanto, não pode mais ser ignorada por aqueles que fazem a gestão das pessoas no trabalho. A partir do momento em que o Ministério do Trabalho entende que cada trabalhador de espaço confinado deve ser avaliado com base em um método que observe os riscos psicossociais, para que assim se possa conduzi-lo a um desempenho seguro, estamos diante de uma constatação: os riscos psicossociais estão presentes no trabalho e na vida pessoal igualmente. Assim, não podemos mais desprezar o que se passa na vida familiar e social dos nossos trabalhadores. Para as organizações, é importante considerar as suas responsabilidades no gerenciamento de riscos, considerando as características do ambiente de trabalho e seus impactos na vida dos trabalhadores. Isso representa a necessidade de ações concretas. Mas o que fazer? Como agir?

A avaliação de riscos psicossociais não apenas assegura as condições para que pessoas saudáveis desempenhem atividades consideradas perigosas, mas também amplia a visão sobre gestão de pessoas e ressignifica o papel dos líderes e das organizações no que se refere ao seu compromisso com o bem-estar de todos. Essa prática promove uma abordagem holística e integrada, reconhecendo que a saúde mental e emocional dos trabalhadores é fundamental para um desempenho seguro e eficiente. No entanto, a prática da avaliação de riscos psicossociais é relativamente recente. Reconhecida como um recurso necessário nas organizações, ganhou impulso com a obrigatoriedade de sua realização prevista em Normas Regulamentadoras (NR), especialmente a NR 33 (espaços confinados) e a NR 35 (trabalho em altura), publicada em 2006 e 2012, respectivamente.

Nessa época, já atendendo a diversas empresas de todo país em atividades de avaliação psicológica, era notório que se tratava de algo novo e bastante distinto do que se vinha praticando como avaliação psicológica, com base no foco de Gestão de Recursos Humanos, e apoiado na noção de competências comportamentais. Desde então, todo o esforço profissional se voltou para o desenvolvimento de estudos em situações reais de trabalho, com a finalidade de criar uma metodologia para avaliar riscos psicossociais relacionados ao trabalho, no sentido de atender com maior qualidade técnica as demandas organizacionais de gestão de riscos.

A implementação de avaliações de riscos psicossociais requer a criação de protocolos específicos, treinamento adequado dos profissionais envolvidos e a conscientização de todos os níveis da organização sobre a importância dessa abordagem. Em busca de compreender melhor o objetivo dessa demanda, tivemos a oportunidade de encontrar o Engenheiro Sérgio Garcia, da DRT (Delegacia Regional do Trabalho) de Porto Alegre/RS, coordenador da NR 33, a quem agradecemos muito pela atenção dispensada à nossa equipe. Nesse encontro, foi possível esclarecer algumas dúvidas que nos permitiram dar início a esta pesquisa.

Ficou claro que a engenharia buscava uma contribuição da ciência do comportamento para explicar quais aspectos psicológicos são determinantes na formação de comportamentos seguros, assim como aqueles que levam a comportamentos inseguros, incapacitando o trabalhador para lidar com os riscos ocupacionais. O entendimento dos fatores humanos passou a integrar a visão de segurança no trabalho, tornando a compreensão da sustentabilidade humana uma parte integrante da gestão em saúde e segurança no trabalho.

A preservação da vida passa a ter uma nova discussão — a sustentabilidade por meio do resgate de valores fundamentais

Em 2012, a NR 35 que aborda o trabalho realizado em altura (2 metros ou mais) também passou a exigir a realização das avaliações psicossociais como parte das práticas preventivas em acidentes de trabalho. E dessa data em diante, outras NRs adotaram a mesma exigência e isso segue crescendo. Frigoríficos, construção civil, plataformas de petróleo, entre outros contextos de risco ocupacional, também foram aderindo a essa prática.

Mas como se trata de normas apresentadas de forma escrita e sujeitas à interpretação de quem as lê, é natural que haja distorções quanto ao seu entendimento. Ocorre que aquela redação que, para alguns está claramente descrita como uma exigência da avaliação de risco psicossocial, para outros não é tão clara assim, dando espaço a discussões e divergências na compreensão da questão. Por essa razão, costumo dizer aos psicólogos que não é matéria da psicologia compreender as vírgulas de uma NR. Essa tarefa é designada aos técnicos de segurança ou aos engenheiros. Mas, caso as dúvidas persistam, costumo sugerir que se recorra a DRT (Delegacia Regional do Trabalho) de sua cidade, onde haverá profissionais capazes de dirimir qualquer dúvida.

Parte-se para a próxima etapa: definir uma metodologia segura, fidedigna e científica para a realização das avaliações, de modo que se possa levar à engenharia de segurança as respostas necessárias para uma tomada de decisão responsável — o trabalhador tem condições psicológicas para o enfrentamento dos riscos psicossociais para assim lidar com os riscos ocupacionais?

No início, havia muitas perguntas e poucas respostas (ou nenhuma). O que me parecia muito claro é que teria que ser desenvolvido um trabalho para a formação de um método bastante diferenciado, pois não se tratava apenas de escolher alguns testes psicológicos e pronto. Se fosse dessa forma simplista, não atenderíamos as expectativas e nem o objetivo de assegurar as condições adequadas para preservar vidas.

Alguns anos antes de me deparar com a demanda de avaliação de risco psicossocial, tive a oportunidade de aprender muito com uma experiência em treinamento de segurança para 100 mineiros. O treinamento aconteceu logo após um acidente, estavam todos muito abalados com o acidente fatal ocorrido poucos dias antes. Contudo, ao ter contato com o público a ser treinado, pude observar a necessidade de dar início ao que me parecia ser básico para a formação de atitudes atentas ao autocuidado: o resgate de valores fundamentais.

Ao serem questionados sobre qual era sua prioridade, qual seria a coisa mais importante para eles, ninguém apontou para a própria vida. Confesso que me vi perplexa diante de tanto vazio. Eram pessoas perdidas, sem saber o sentido de suas vidas ou por que estavam ali. Ao serem questionados sobre seus valores, a grande maioria respondia que sua família era seu maior valor, e que, em nome dela, se submetiam a um trabalho arriscado por considerarem ser o único trabalho que se sentiam capazes de realizar. Absolutamente ninguém foi capaz de colocar sua vida como sendo sua prioridade e seu grande valor. Foi quando percebi a profundidade do que precisava ser feito ao pensar em AVALIAÇÃO DE RISCO PSICOSSOCIAL.

É bem verdade que queremos saber sobre comportamentos seguros. Quais os comportamentos necessários para evitar acidentes? Quais as habilidades necessárias? Comunicação? Trabalho em equipe? Certamente. Mas apenas isso apenas traria a segurança e a certeza necessárias para liberar para o risco uma pessoa com as condições mínimas necessárias para ter sua vida preservada.

Olhando apenas para comportamentos, não poderia ter a visão ampla e completa para entender as reações de um indivíduo diante dos riscos. Entendi que valores formam atitudes, e atitudes antecedem a formação do comportamento. Mas este seria diretamente influenciado pelo ambiente em que o sujeito estaria inserido. Pois bem, então foi possível compreender e definir a amplitude do foco de análise necessário a uma avaliação de risco psicossocial.

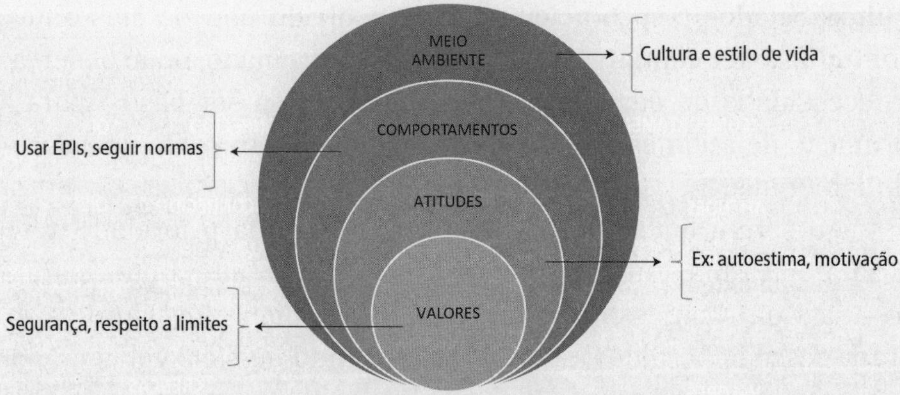

Fonte. Elaborado pela autora

Resumidamente, nossos valores se formam na medida de nossa evolução e amadurecimento e vão passando por reformulações, desenvolvendo um novo *ranking* ao longo dos anos e das fases da vida. Estes darão condição para que algumas atitudes se definam, ou seja, minhas escolhas e minhas iniciativas se darão por conta destes valores, com o objetivo de atendê-los. Da mesma forma, as atitudes darão condição para a formação de comportamentos seguros ou não, mas que serão influenciados pelo ambiente externo, suas tendências, suas pressões e as demandas diárias. Essa inter-relação nos ajuda, assim, a compreender de que forma o comportamento se define e como suas influências acontecem e determinam a condição do sujeito para lidar com seus riscos psicossociais e submeter-se ao trabalho perigoso.

Mas algumas perguntas continuavam sem resposta – POR QUE PESSOAS COM TANTA EXPERIÊNCIA E CONHECIMENTO SE ACIDENTAM? Havia me deparado com uma situação chocante de um eletricista com mais de 20 anos de experiência, que foi fazer um procedimento simples e rotineiro de consertar um transformador, mas escolheu pular alguns procedimentos que julgava irrelevantes, e tinha pressa para ir a um compromisso pessoal. Ele recebeu uma descarga de mais de 10.000 volts e morreu. Se a experiência e o conhecimento são suficientes para garantir a segurança e evitar acidentes, como isso se explica?

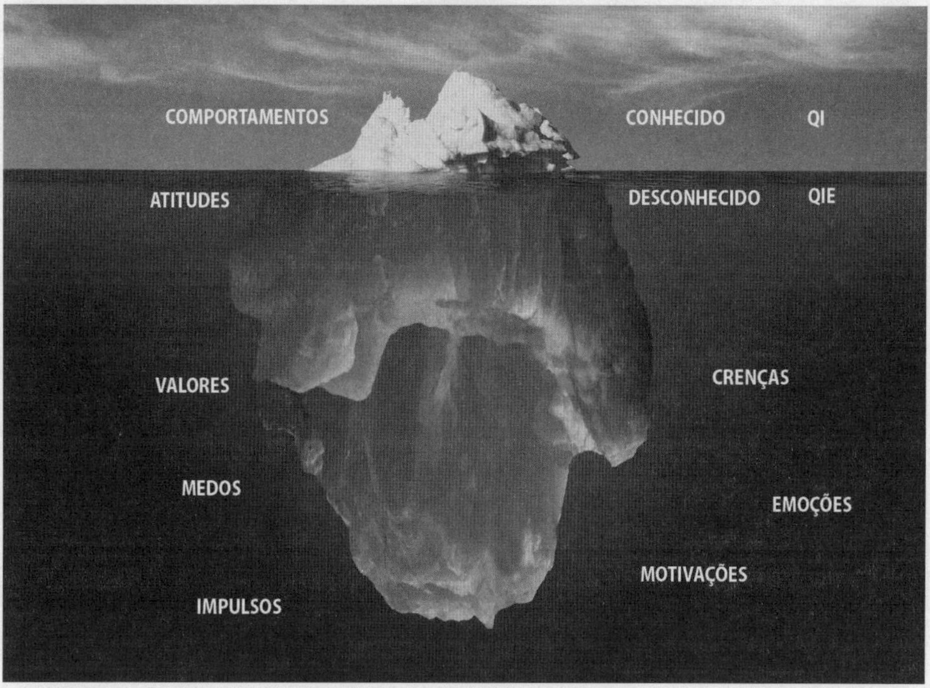

Fonte: ic.pics.livejournal.com

Foi, então, que senti a necessidade de fazer um mergulho mais profundo e compreender o indivíduo em sua complexidade, alcançando as origens da formação de seu comportamento. Estamos habituados a observar comportamentos quando desejamos compreender um perfil. Mas, neste caso, precisamos ir mais a fundo.

De acordo com pesquisas, percebemos apenas cerca de 10% da massa total de um iceberg, os outros 90%, ou seja, grande parte de sua massa fica fora de nossa percepção ou não é reconhecida. Sendo assim, para compreender a totalidade de um iceberg, precisamos mergulhar em suas profundezas e conhecer sua base. Não basta perceber o que vimos no topo do iceberg se queremos compreender para onde ele nada. É necessário saber como está constituído, como funcionam seus movimentos, e, para isso, o mergulho é necessário.

Compreender o quanto um indivíduo está em condições de se expor a riscos psicossociais significa explorar a formação de valores e de suas atitudes. Assim, saberemos como lidar com seus impulsos e emoções para responder a situações de emergência. Saberemos como se formam suas motivações. E saberemos ainda o quanto reage de maneira alinhada com seus valores.

O comportamento seguro requer a aceitação de limites, o desejo sincero de se manter vivo e saudável e a permissão de si mesmo para se negar a realizar tarefas que não se sinta capaz. Isso tudo implica em ter como valor fundamental a sua vida, e compreender que, para cuidar das pessoas que ama, é preciso, antes de tudo, cuidar de si mesmo.

Clamor mundial

"NADA PODE REVIVER UM HOMEM, MAS AÇÕES DE SEGURANÇA PODEM MANTÊ-LO VIVO."

A humanização na cultura das empresas no sentido de tornar o ambiente de trabalho mais respeitoso e digno, em alguns casos, já vem se tornando realidade, muito mais que uma simples vontade. Empresas sedentas por produção a qualquer custo, pessoas vistas como máquinas enquanto a saúde mental é ignorada, já não têm mais espaço em um mundo que clama por mais qualidade de vida e respeito pela vida. A máxima "produtividade a qualquer custo" já não é mais aceita, e insistir nisso põe em risco a sustentabilidade da organização do ponto de vista de seus recursos humanos. Ser capaz de atrair e reter pessoas, sobretudo em funções de nível técnico, é a palavra de ordem neste tempo atual. E, para isso, uma gestão humanizada, respeitosa e que verdadeiramente se preocupa com o bem-estar de seus colaboradores faz com que as pessoas queiram ficar em seus trabalhos em vez de ir em busca de outras oportunidades.

Acredito que o surgimento deste trabalho também se deva a isso, e venha em decorrência de um clamor mundial, que pede por maior respeito à vida. A tensão cresce, a insatisfação transborda e os comportamentos se refletem em revoltas, desmotivações e um descaso que mostra nada mais que a necessidade de revisitarmos alguns valores e práticas em nossa vida diária. Vivemos em um mundo de guerras, de intolerância, de culto ao ódio, onde vidas se sacrificam em nome de algo às vezes nem bem conhecido, demonstrando que sempre haverá algo melhor em troca, algo pelo qual valha a pena morrer, minimizando o valor desta energia pulsante que nos sustenta dia a dia.

Esse caminho de "quase descaso" com a vida chega ao fim no momento em que não suportamos viver diante de tantas agressões, tanta violência e tanta indiferença. Não nascemos para isso! Não é propósito de ninguém nascer e viver apenas para sobreviver. Queremos mais e merecemos mais! Somos distintos e diversos em muitos aspectos, mas somos iguais no desejo de ser feliz, ter saúde e viver em Paz e com Bem-estar.

E é nessa convergência de demandas que chegamos ao fundo do poço e retomamos o resgate do básico, o resgate do que jamais deveríamos ter aberto mão, de algo não deve ser uma moeda de troca e nem sequer discutido como um possibilidade de perda: nossas vidas.

Portanto, esta obra vem com a intenção de esclarecer e sensibilizar para um novo olhar na gestão das pessoas e do trabalho. A Avaliação de Riscos Psicossociais se apresenta como um primeiro passo para a implantação de um modelo de gestão sustentável. Este livro vem para orientar e levar conhecimentos sobre o ponto de partida, trazendo luz a métodos e técnicas, mas, sobretudo, sendo um foco de análise que realmente direcione para o seu objetivo: identificar as condições psicológicas do sujeito para o enfrentamento das pressões do trabalho.

2

Saúde mental e segurança no trabalho

> *A sensação de estar ok não implica que a pessoa tenha se colocado acima de todos os seus defeitos e problemas emocionais. Implica simplesmente que ela se recusa a ser paralisada por eles.*
>
> (John Powel)

Ao falar em ambiente, devemos considerar os principais cenários por onde o indivíduo se situa, ou seja, família e trabalho, já que estes serão determinantes na formação de seu comportamento e de suas reações.

Para melhor compreender a influência do ambiente no comportamento e nas reações das pessoas, em geral, é preciso levar em conta as expectativas e as necessidades depositadas em cada ambiente. Nos grupos sociais, buscamos aprovação e aceitação; no grupo familiar, afeto e pertencimento; e no grupo de trabalho, realização e crescimento.

Em nossas relações, colocamos expectativas emocionais e afetivas, ou seja, esperamos nos sentir amados, importantes, queridos e admirados pelo que somos. Acreditamos poder receber a atenção, a dedicação, o tempo e as iniciativas das pessoas para suprir o que podem nos fornecer nesse aspecto. Família, em geral, traz a base para a autoestima e o sentimento de "ter para onde voltar", gerando, assim, o sentido de pertencimento.

No ambiente de trabalho, precisamos perceber a possibilidade de aprender e de produzir, ou seja, atendemos a necessidade de desenvolver nossa mente e nossas habilidades através da prática de novos comportamentos, enfrentando desafios e identificando nossa capacidade de superação e de transpor obstáculos. A partir de situações novas onde temos a oportunidade de ir além em nosso aprendizado vivenciamos e alimentamos nossa crença de que somos capazes, estamos crescendo e nos desenvolvendo e assim, poderemos produzir cada vez mais e melhor atendendo às nossas necessidades de evolução, mas com o sentimentos de que estamos também atendendo as necessidades da sociedade a qual estamos inseridos e que espera por nossa contribuição.

Assim, podemos perceber a relação e o impacto que o meio ambiente causa sob alguns aspectos como Autoestima, Lócus de Controle, *Coping* e Inteligência Emocional. Podemos já passar por estes conceitos nos capítulos anteriores e compreender de que forma se fazem relevantes na avaliação do indivíduo para lidar com riscos psicossociais e evitar acidentes.

Cultura Organizacional

Uma cultura organizacional caracterizada por valores que orientem para a segurança, ainda não parece algo comum em nosso país. Na medida em que surgem normas e diretrizes que impulsionam nesta direção, aparecem resistências e preocupações com custos. Algumas empresas iniciam seus primeiros investimentos em segurança em cumprimento às normas regulamentadoras do Ministério do Trabalho, mas não se mostram de fato conscientes da necessidade de preservar vidas.

As ações preventivas mais comuns são cursos de reciclagem de conhecimentos técnicos e a exigência pelo uso de EPIs. Mas quando se trata da verdadeira gestão de pessoas orientada para a prevenção, não se encontra a mesma receptividade.

Já as empresas de fato orientadas para segurança mostram ações alinhadas com os verdadeiros valores que preservam vidas. A segurança dos trabalhadores é observada e, em caso de necessidade, sua segurança é tratada como prioridade sobre a produtividade.

Esta relação segurança x produtividade, muitas vezes se mostra um eficiente indicador de mensuração sobre o ambiente. A empresa com cultura favorável à segurança entende que a produtividade não teria o resultado esperado, caso a segurança não fosse observada. Do mesmo modo, entende que a segurança não impede que a produtividade aconteça.

A empresa segura entende que ações preventivas geram um custo significativamente menor do que ações reativas. Basta observar que os gastos atuais no Brasil pela falta de prevenção já alcançam a cifra de 40 bilhões de reais ao ano, fazendo do nosso país o 4º no mundo em acidentes de trabalho.

Outro indicador para a avaliação deste ambiente são os modelos de gestão e de liderança, ou seja, a forma como as pessoas são compreendidas em suas expectativas e necessidades e a maneira como se sentem em seu ambiente de trabalho. Líderes empáticos, gestores que compreendem as limitações de cada um, as interferências das questões familiares na condição de produzir geralmente refletem no trabalhador na forma de um sentimento de bem-estar e segurança vinculando-o mais fortemente à empresa. Estes colaboradores se sentem protegidos e percebem na empresa, ações voltadas a sua segurança. Desta forma, é comum perceber certo sentido de orgulho e prazer em ser parte deste grupo de trabalho.

Ainda neste aspecto, empresas com cultura de segurança demonstram preocupar-se uns com os outros, ou seja, existe um relacionamento mútuo de zelo e cuidado. Esta mutualidade ou cumplicidade se dá nos relacionamentos de uma forma ampla. Existe em geral, uma disposição em ajudar e uma melhor condição de compreender as necessidades e limitações do outro, em dado momento.

Estes aspectos de bem-estar e de segurança refletem diretamente no clima e na produtividade na medida em que geram um ambiente motivador manifesto pela satisfação que revelam em ser parte desta empresa.

No nosso país, infelizmente, podemos perceber que este tipo de cultura não faz parte de nosso dia a dia. A cultura da insegurança, do medo e da incerteza caracterizam as vidas dos brasileiros sejam em casa, nas ruas ou no trabalho. Partimos do pressuposto que a insegurança e o risco estão presentes em qualquer lugar, em qualquer circunstância e de forma constante. Relações de desconfiança existem em todas as esferas: familiar, social, política e econômica. E em empresas que não preconizam a segurança de seus trabalhadores, essa realidade se replica.

Cultura Familiar

As características das relações familiares certamente definem a presença de riscos psicossociais, ou seja, caso o trabalhador encontre em casa um ambiente acolhedor, com afeto e segurança emocional sentindo-se importante e valorizado por sua família, melhores condições terá para suportar as pressões e as exigências do ambiente organizacional.

Na família busca-se apoio, bem-estar, segurança e satisfação. Espera-se encontrar pessoas que compreendam os riscos sofridos no dia a dia e valorizem o esforço despendido para garantir o sustento familiar.

Caso não exista este suporte emocional, e, ao invés disso, as expectativas emocionais não se cumpram, teremos pessoas desanimadas, insatisfeitas e desgastadas indo em direção de seu trabalho para enfrentar ambientes perigosos que colocam sua vida em perigo.

Os valores praticados nas relações familiares serão determinantes da saúde mental e psíquica do indivíduo, e trará melhores ou piores condições de enfrentamento e de adaptação diante dos desafios vividos. Um exemplo disso é que a pessoa que sente importante e amada em seu meio familiar saberá igualmente valorizar e preservar sua própria vida, assim como de seus colegas. E saberá recusar-se a trabalhos inseguros, com os recursos apropriados por ser capaz de reconhecer o valor de sua vida para si mesmo e para os demais.

Outros Cenários

Não posso deixar de citar o cenário pandêmico vivido há poucos anos, como outro cenário de grande influência na saúde mental de todos. Estávamos vivendo um cenário sem precedentes em que a vida humana era ameaçada e tudo o que era possível ser feito era ficar em casa, distante de tudo e de todos. Empresas fechadas, empregos ameaçados, família dividida e amigos distantes como regra indiscutível para se proteger.

Vivemos diariamente o medo da morte, o risco de se contaminar ou contaminar alguém. Novos hábitos eram exigidos como o uso de máscaras, álcool nas mãos, distanciamento e cuidados com a saúde mental como nunca antes havia sido feito. O mundo todo se transformava rapidamente e tudo passou a ser questionado com o objetivo de proteger a vida.

Foram 2 anos de resiliência e de um importante aprendizado sobre sobrevivência e adaptabilidade. O trabalho remoto ganhou espaço e se tornou o meio de sobrevivência para todos pudéssemos passar por este tempo mantendo a economia girar e assim, garantir a manutenção do básico.

Medo de morrer, de perder o emprego, de se contaminar somado ao custo emocional trazido pelo distanciamento social forma os primeiros fatores de risco psicossocial que puderam ser identificados levando as pessoas quadros de depressão, estresse e ansiedade.

O trabalho remoto para muitos, se acumulou em inúmeras tarefas domésticas levando as pessoas a sobrecarga, a exaustão e esgotamento. Perceber limites e conceder-se descanso parecia ser pouco claro, e adaptar-se a atividades de home office se tornou um grande desafio para alguns.

Em curto espaço de tempo tínhamos não apenas a saúde física, mas a saúde mental ameaçada, mas para esta última não haveria vacina para a prevenção, mas apenas a formação de novos hábitos, o respeito a limites e práticas de autocuidado dando início assim, a uma nova perspectiva sobre saúde mental e a gestão de pessoas nas empresas.

Passado este período entramos no cenário político para as eleições presidenciais e imediatamente a polarização toma conta dos relacionamentos em todos os ambientes. Parecia não ser aceito nenhum tipo de posicionamento moderador, exceto direita ou esquerda. A partir da grande intolerância observada, respostas agressivas e hostis eram percebidas por parte daquele que tivesse uma orientação política diferente. Passaram a se tornar frequentes comportamentos disruptivos como os cancelamentos e os rompimentos familiares. Em casos extremos, trabalhadores eram ameaçados de demissão, caso seu posicionamento político fosse oposto ao esperado, gerando assim, casos de assédio eleitoral.

No entanto, ainda que tenha encerrado o período eleitoral, o cenário de polarização ainda interfere na qualidade dos relacionamentos gerando uma certa cultura de intolerância, cancelamento e rompimentos nos relacionamentos em geral.

Neste aspecto, observa-se riscos à saúde mental como por exemplo o medo de falar, medo de ser julgado, intimidação pela crítica, relacionamentos tóxicos, ameaças em diversos sentidos que impedem que haja segurança psicológica a medida em que as pessoas são censuradas, a confiança é abalada e sentido de ser aceita também entra em risco.

Para sentir-se aceito e pertencendo a um grupo social, muitas se veem passando pelo crivo de sua orientação política e neste momento ocorre a escolha: falar e ser julgado e excluído ou calar e sufocar sua livre expressão.

Temos ainda o desastre na região sul do Brasil que teve 80% do estado do Rio Grande do Sul devastado por inundações que destruiu casas, bairros, cidades e a infraestrutura como pontes, estradas, aeroportos, hospitais, estabelecimentos comerciais gerando danos e prejuízos incalculáveis à população e à economia.

Catástrofes de ordem climática já aparecem como parte do cenário mundial, implicando em riscos de todas as ordem e acarretando em medo, insegurança e confusão exigindo ainda mais resiliência e adaptabilidade das pessoas que já vêm cansadas há muito tempo.

E por último, não posso deixar de citar a iminência de uma 3ª guerra mundial que já desponta no horizonte gerando todos os tipos de medo mais aterrorizantes para o ser humano que vê sua existência ameaçada em nível planetário. Sentimentos de insegurança, dúvida, desesperança, falta de perspectiva e desorientação passam a ser parte do cenário atual acumulando novos fatores de risco a uma sociedade cansada e desgastada por tantas dificuldades inusitadas e inerentes a este momento de transição que vivemos.

Com isso, quero ilustrar o quanto é fundamental inserir a pessoa em todos os cenários que estiver vivendo para que possamos observar suas expectativas, sua resiliência e adaptabilidade para que possa exercer o enfrentamento necessário para que sua saúde mental seja protegida.

Só assim é possível compreender sua condição psicológica para lidar com os inúmeros e inusitados riscos psicossociais que surgem diariamente e que, muitas vezes, apresentam situações nunca antes vividas, abalando os padrões já existentes e exigindo uma imediata reação de autopreservação.

3

Risco psicossocial, cenários, contextos e as normas regulamentadoras (NRS)

> O cuidado como preocupação e precaução nos previne de ciladas que a própria vulnerabilidade humano nos pode preparar.
> (Leonardo Boff)

Quando as pesquisas iniciaram, me deparei com alguns casos que me deixaram absolutamente perplexa. Um instrutor de treinamento em segurança, com 25 anos de experiência, teve um acidente fatal ao realizar um procedimento às pressas porque queria ir com sua esposa para a maternidade ver seu filho nascer. Das 14 etapas de procedimento, cumpriu apenas oito e foi interrompido por um acidente que lhe custou a vida e deixou seu filho órfão antes mesmo de nascer. Por que isso aconteceu? Qual a explicação para uma tragédia como essa? Falha Humana? Simples assim? Realmente, não posso me contentar com uma resposta tão minimalista. Certamente existem mais explicações por trás disso.

A tal "falha humana" ainda me parece ser entendida com olhos técnicos, como se explicasse um simples erro operacional, por descuido ou negligência, gerando ainda danos a autoestima do acidentado pelo cunho pejorativo que sugere. A falha humana parece falar de ideias de incapacidade, de pouca responsabilidade diante da segurança, e, dessa forma pode ser ainda causadora de punições ou advertências, o que não representa de forma alguma uma solução para a causa de um acidente.

Foi ficando evidente a negação das causas psicossociais como geradoras de acidentes. Caso a dita falha humana seja investigada, teremos como explicações aspectos superficiais que não serão entendidos como algo a ser prevenido, tratado e observado pela organização que se preocupa com segurança. E insisto, ainda haverá uma visão de negligência e descuido por trás do que levou o ser humano a falhar.

O conceito de risco psicossocial e a necessidade da avaliação psicossocial nos faz ver a "falha humana" com um pouco mais de cuidado e autenticidade, de modo que se possa compreender verdadeiramente o que se passa com um profissional treinado e experiente que se acidenta.

Percebendo o impacto que a avaliação psicossocial trouxe às organizações, começo a pensar que mudanças culturais estejam a caminho, sobretudo pela quebra de paradigmas importantes na gestão de pessoas. Acreditava-se que os problemas pessoais e familiares não deveriam interferir no trabalho. Cabia a cada um saber separar as questões individuais das questões profissionais e, assim, trabalhar com total isenção, focando sua atenção e força apenas no ambiente de trabalho e no que se referia à sua função. Do mesmo modo, os problemas do trabalho não deveriam ser levados para casa. No ambiente familiar cabia apenas o descanso e os bons momentos em família, sem falar ou pensar em trabalho, já que este deve ser cuidado apenas durante a jornada na empresa. Ser visto no trabalho falando sobre os problemas familiares poderia representar falta de profissionalismo ou, ainda, falta de uma postura adequada ao ambiente laboral, onde fala-se apenas dos assuntos pertinentes à função exercida. Manifestar preocupações pessoais para colegas, associado à ansiedade ou a prejuízos à produtividade, poderia acarretar advertências, ou até mesmo perda do cargo, levando ainda à depreciação da imagem profissional.

No entanto, na medida em que o Ministério do Trabalho cita o risco psicossocial como algo a ser considerado na causa de acidentes e solicita a realização da avaliação psicossocial como forma de prevenção, esse paradigma se rompe e dá espaço a uma nova postura. Consideremos, então, risco psicossocial como sendo tudo o que se passa na vida pessoal e profissional do indivíduo e seja capaz de gerar prejuízos à sua saúde mental. Partindo de um conceito bastante simples, risco psicossocial é todo o elemento externo gerado por fatores sociais, familiares e profissionais que possam afetar a saúde mental do indivíduo, como cobranças excessivas, pressões, sobrecarga, preocupações e tensões do dia a dia. Assim, tudo que puder causar danos à saúde por consequência do ambiente familiar, profissional ou social pode ser considerado um tipo de risco. Consideremos ainda que, a partir da assimilação desse conceito, estamos admitindo a interdependência dos fatores ambientais e externos atuando diretamente sobre a saúde mental do indivíduo.

Para o Ministério do Trabalho e da Economia, por meio da Secretaria da Inspeção do Trabalho e Emprego, "os Riscos Psicossociais são os aspectos da concepção e gestão do trabalho e dos seus contextos sociais e que têm potencial de causar danos psicológicos ou físicos ao trabalhador", conceito apresentado também pela Organização Internacional do Trabalho (OIT).

Ainda segundo a OIT, as interações entre o conteúdo do trabalho, organização do trabalho, gestão e outras condições ambientais e organizacionais, por um lado, e as competências e necessidades dos funcionários, por outro lado, têm influência perigosa sobre a saúde dos trabalhadores através de suas percepções e experiências.

Já a OMS (Organização Mundial da Saúde), os riscos psicossociais no local de trabalho estão relacionados à:

- NATUREZA DO TRABALHO
- ORGANIZAÇÃO DO TRABALHO
- ASPECTOS SOCIAIS DO TRABALHO

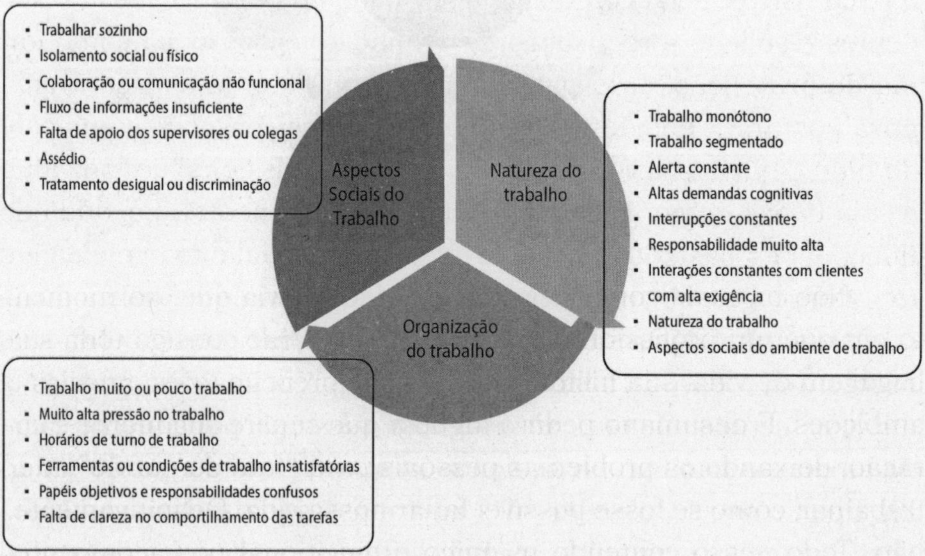

Fonte. Elaborado pela autora

Em escalas distintas podemos facilmente observar o estresse diário existente no ambiente de trabalho que aparece na forma de sobrecarga de trabalho; e nestes tempos atuais podemos ver pessoas acumulando funções por conta da necessidade das empresas de reduzir o quadro de funcionários e os custos operacionais; percebemos problemas financeiros se agravando com endividamentos sem controle, dificuldades do ponto de vista social como a falta de segurança, de assistência médica adequada nos hospitais, crises e conflitos familiares e sociais que reduzem a qualidade de vida, sacrificam o bem-estar e, em alguns casos mais graves, geram doenças psicossomáticas.

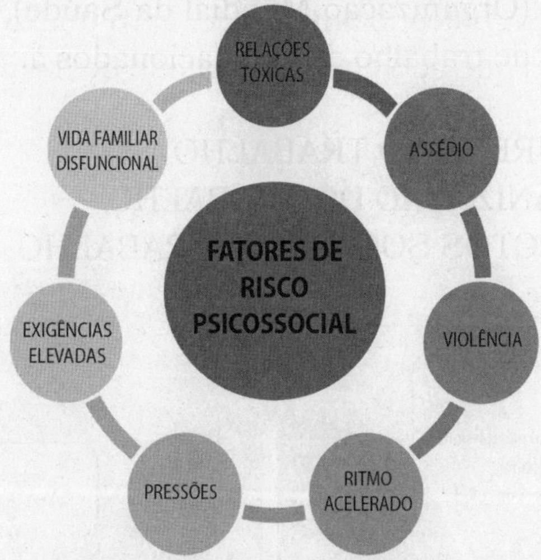

Fonte. Elaborado pela autora

Não há mais como negar a realidade óbvia que, no momento em que um profissional é contratado, ele traz consigo toda sua bagagem de vida, sua história, memórias, preocupações, anseios e ambições. É desumano pedir a alguém que separe sua mente e coração, deixando os problemas pessoais para "fora do portão" ao ir trabalhar, como se fosse possível fatiar nossa vida. Definitivamente, não. Todo nosso conteúdo psíquico e emocional nos acompanha onde quer que se vá. Não existe recurso mental ou emocional para isso. Somos uma alma só, uma mente só, nossas memórias vivem dentro de nós constantemente, nossas emoções e inquietações gritam e se movimentam, causando reações físicas que evidenciam o que se passa dentro de nós. E isso nos faz SERES HUMANOS – um organismo completo e complexo que, para ser compreendido, requer estudos, análises, aprofundamentos e, acima de tudo, respeito às nossas individualidades e singularidades.

Portanto, a partir do momento que as empresas adotam esse conceito e implementam ações de segurança que comtemplem essa visão, passamos a adotar um novo paradigma, que aceita, entende e respeita todas as vulnerabilidades e suscetibilidades do comportamento humano diante de situações de risco. O entendimento sobre o que significa "fazer segurança no trabalho" passa a ter outro sentido e outro significado ampliando, aprofundando, mas também singularizando o que não pode ser tratado de forma generalizada.

Fonte. Elaborado pela autora

Risco intersocial – o indivíduo x a sociedade

O risco intersocial diz respeito a tudo que envolve o indivíduo na interação com seu meio social que pode ser sua família, amigos, vizinhos, comunidades, grupos de jogos ou religiosos entre outros. Certa vez, ouvi de um eletricista que trabalhava em São Paulo, capital, que o risco que mais o assustava em seu trabalho estava presente quando seu líder o incumbia de ir a uma favela para cortar a luz de alguém por falta de pagamento, pois supunha que pudesse se tratar do líder de alguma facção criminosa em um morro já conhecido pelo tráfico de drogas. Interessante sua percepção de risco. Os aspectos técnicos e operacionais não eram apontados como algo que lhe causasse medo, pois eram conhecidos e já havia recebido treinamento para lidar com tais riscos. Contudo, a violência urbana, o trânsito e a criminalidade descontrolada eram vistos como algo realmente perigoso por não haver controle e, portanto, treinamento prévio para que pudesse se precaver. Exemplos:

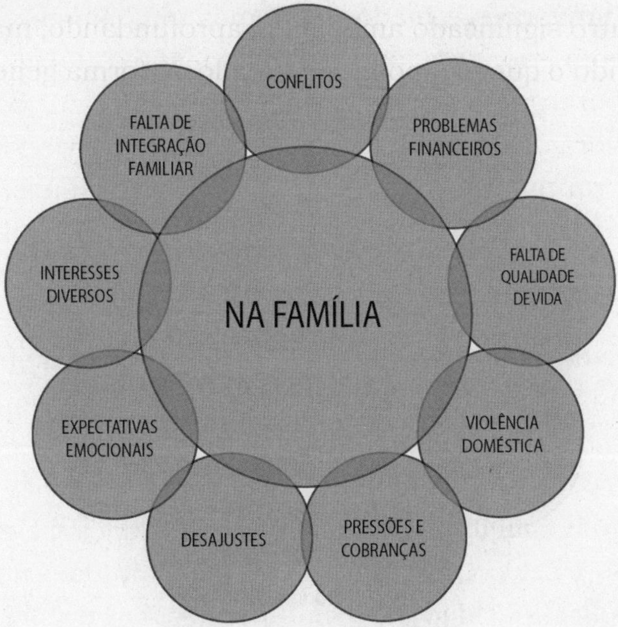

Fonte. Elaborado pela autora

Trabalhos desenvolvidos em áreas de riscos identificados como socialmente sem segurança podem ser um exemplo do que se chama de risco intersocial. Atualmente, podemos também tomar como exemplo, os conflitos verificados entre refugiados sírios e a guarda-costeira de alguns países como Hungria e Croácia. Essas fronteiras tornaram-se locais altamente arriscados em razão das resistências em aceitar estes refugiados que, em alguns casos, vêm sendo recebidos com grande violência.

O Risco intersocial geralmente reflete certa intolerância a diferenças ou ainda algum tipo de desajuste social que se choca quando confrontados com pessoas ou grupos de uma realidade diferenciada ou distinta, e que, por razões diversas, não coadunam umas com as outras gerando tensão, conflito e medo.

Risco intrapessoal — o indivíduo consigo mesmo

A forma como lidamos com nossas emoções define nossos riscos intrapessoais. Na mesma medida em que identificamos nossas angústias, limitações e medos, podemos também escolher formas para lidar com isso. Para tanto, é fundamental o autoconhecimento, ou seja, saber o que sentimos, por que sentimos e que consequência isso pode gerar. Por exemplo, se estou muito bravo com meu chefe e minha raiva faz com que eu me concentre menos, e perca em qualidade de produção e me torne mais impaciente com detalhes do meu trabalho que exigem cuidado e zelo, teremos então uma condição de maior risco intrapessoal. Posso me tornar mais impulsivo, apressado e desatento em uma atividade que exige atenção a minúcias e calma para evitar acidentes. Assim, se o indivíduo for capaz de reconhecer seu estado de ânimo alterado, pensar antes de agir, escolhendo o momento mais apropriado até que sua ira se controle, definindo qual a melhor atitude para dada situação, ele passa a ter controle sobre seu comportamento, evitando atitudes impulsivas ou definidas pela intensidade dos sentimentos mais primitivos, adotando assim, um comportamento seguro, conduzido pelo pensamento e não pelo sentimento.

Mas não devemos considerar apenas as questões extremas para identificar o risco intrapessoal. Em alguns momentos, este pode se apresentar de forma sutil e discreta, mas suficiente para gerar desconforto e desestabilização, colocando em risco o trabalhador. Essa condição interna de equilíbrio, foco, e estabilidade de conduta e de reações pode manter o indivíduo em condições seguras. Entretanto, como essa condição não é uma constante. Muitas variáveis, algumas delas involuntárias, devem ser observadas com o objetivo de identificar as reais condições para que o trabalhador possa se expor a riscos.

Cenário e contextos — o fenômeno multicausal

É preciso compreender que toda modificação de comportamento se origina na percepção do que se passa no meio ambiente, gerando sentimentos e emoções que passam pelo pensamento, trazendo reações e, finalmente, o comportamento. Seguindo esse fluxo de expansão, nosso comportamento irá influenciar diretamente em nossa equipe, clientes, parceiros e fornecedores afetando a organização e os resultados por esta buscados.

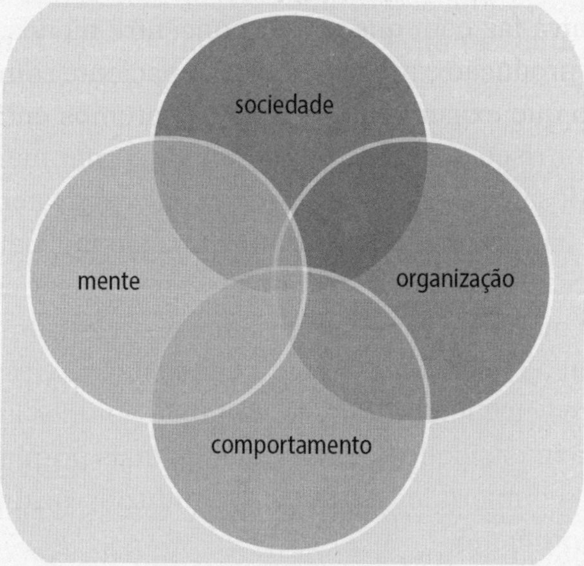

Fonte. Elaborado pela autora

Existem pesquisas que dizem que tudo que fazemos hoje afeta diretamente as próximas cinco gerações. Nosso meio mais primitivo de aprendizagem ocorre pela imitação, ou seja, repetimos o que vivenciamos, reproduzimos os padrões que temos mais próximos de nós em nosso dia a dia. Desta forma construímos um fluxo de reprodução comportamental interdependente e influente que define nosso ambiente e os resultados produzimos por este. E em última instância, observamos a repercussão na sociedade.

Assim, uma empresa socialmente responsável, que busca meios seguros para dar andamento à sua produção minimizando as possibilidades de acidente, terá na sociedade o apoio, a admiração, imagem positiva e o desejo de todos de ser parte de seu quadro de colaboradores, diferentemente daquela que se ocupa de resolver problemas oriundos de afastamentos e fatalidades, gastando cifras amplamente maiores que o que seria o investimento em prevenção.

Portanto, é claro perceber que cenários externos e contextos interferem e podem até definir os fatores de riscos psicossociais que serão enfrentados. Em tempos de pandemia, por exemplo, tivemos todos os hábitos, rotinas, costumes e planos desconstruídos, colocando o indivíduo em um horizonte desconhecido, sem perspectivas e sem clareza sobre seu futuro. O impacto da pandemia ressoa na gestão da saúde pública e, por consequência, na economia do país, trazendo mais crise, mais conflito e mais tensão. Sem dúvida, todos esses movimentos afetam a saúde financeira das empresas, gerando desemprego, perda de renda e grande insegurança e instabilidade para a vida de todos.

Todas essas demandas acarretam mais ansiedade, mais depressão, mais estresse e atingem fortemente a estrutura de toda sociedade e, portanto, de cada cidadão. Alguns se mostram com mais capacidade de assimilação, de ajuste e de aprendizagem. Outros nem tanto, respondendo com intolerância, agressividade e resistência. Experimentamos uma realidade até então desconhecida e que, portanto, não tínhamos um padrão de resposta que permitisse uma melhor adaptabilidade e resiliência. O sofrimento foi evidente e inegável. De todos! Vejamos:

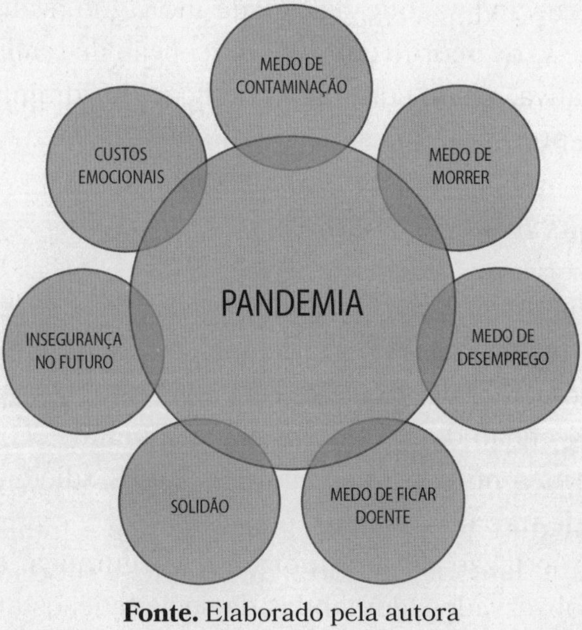

Fonte. Elaborado pela autora

Assim, vale ressaltar que toda a avaliação psicossocial precisa ser realizada com vistas ao cenário em que o avaliado se situa. Não seria adequado olhar apenas o indivíduo e sua função sem inseri-lo na cena em que vive.

CENÁRIOS E CONTEXTOS

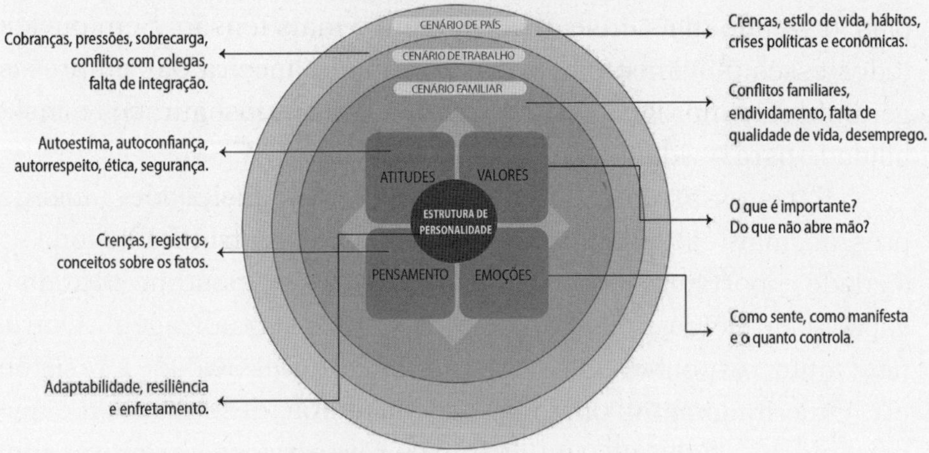

Fonte. Elaborado pela autora

É imprescindível que para cada indivíduo avaliado é preciso compreendê-lo de acordo com sua percepção de realidade e capacidade adaptativa, assim como sua condição de administrar o estresse e, assim, preservar sua saúde mental.

As normas regulamentadoras (NRS)

As primeiras normas regulamentadoras foram publicadas em 8 de junho de 1978, pela Portaria MTb nº 3.214 com o avanço das necessidades laborais, tendo por objetivo ampliar as medidas de saúde e prevenção da segurança nos segmentos econômicos para evitar acidentes no trabalho e mitigar danos adicionais à saúde e segurança do trabalhador.

Para a criação de uma norma de segurança, alguns pontos devem ser observados: demandas da sociedade, estatísticas de acidentes, acordos internacionais e necessidades identificadas pelos técnicos responsáveis.

Na época em que foram criadas (1978) 28 NRs foram aprovadas, e hoje já existem 37 normas específicas que orientam as diretrizes para ações de prevenção de acidentes no trabalho. A seguir:

NR 1 – Disposições Gerais
NR 2 – Inspeção Prévia
NR 3 – Embargo e Interdição
NR 4 – Serviços Especializados em Engenharia de Segurança em Medicina do Trabalho (SESMT)
NR 5 – Comissão Interna de Prevenção de Acidentes (CIPA)
NR 6 – Equipamentos de Proteção Individual (EPI)
NR 7 – Programa de Controle Médico de Saúde Ocupacional
NR 8 – Edificações
NR 9 – Programa de Prevenções de Riscos Ambientais
NR 10 – Segurança em Instalações e Serviços em Eletricidade
NR 11 – Transporte, Movimentação, Armazenagem e Manuseio de Materiais
NR 12 – Segurança no Trabalho em Máquinas e Equipamentos
NR 13 – Caldeiras, Vasos de Pressão e Tubulações
NR 14 – Fornos
NR 15 – Atividades e Operações Insalubres
NR 16 – Atividades e Operações Perigosas
NR 17 – Ergonomia
NR 18 – Condições e Meio Ambiente de Trabalho na Indústria da Construção
NR 19 – Explosivos
NR 20 – Segurança e Saúde no Trabalho com Inflamáveis e Combustíveis
NR 21 – Trabalho a céu aberto

NR 22 – Segurança e Saúde Ocupacional na Mineração
NR 23 – Proteção Contra Incêndios
NR 24 – Condições Sanitárias e dos Locais de Trabalho
NR 25 – Resíduos Industriais
NR 26 – Sinalização de Segurança
NR 27 – Registro Profissional do Técnico de Segurança do Trabalho no MTB
NR 28 – Fiscalização e Penalidades
NR 29 – Norma Regulamentadora de Segurança e Saúde no Trabalho Portuário
NR 30 – Norma Regulamentadora de Segurança e Saúde no Trabalho Aquaviário
NR 31 – Norma Regulamentadora de Segurança e Saúde no Trabalho na Agricultura, Pecuária, Silvicultura, Exploração Florestal e Aquicultura
NR 32 – Segurança e Saúde no Trabalho em Estabelecimentos de Saúde
NR 33 – Segurança e Saúde no Trabalho em Espaços Confinados
NR 34 – Condições e Meio Ambiente de Trabalho na Indústria da Construção e Reparação Naval
NR 35 – Trabalho em Altura
NR 36 – Segurança e Saúde no Trabalho em Empresas de Abate e Processamento de Carnes e Derivados
NR 37 – Segurança e Saúde em Plataformas de Petróleo

Cada norma é dirigida a um tipo de risco ocupacional ou se orienta a oferecer diretrizes para a gestão da saúde e segurança no trabalho. É função dos técnicos do SESMT fiscalizar, monitorar, acompanhar e orientar para a devida implantação e cumprimento de todas as normas que se aplicarem ao seu ambiente laboral.

Algumas dessas normas passaram a se orientar para as questões de fatores humanos em 2006, quando, pela primeira vez, a NR 33 aponta para a exigência da avaliação psicossocial. Atualmente, várias NRs se dirigem à importância de observar fatores de risco psicossocial, considerando que os aspectos que determinam o comportamento humano são cruciais para a prevenção de acidentes.

Já é compreendido por engenheiros e técnicos que fazer prevenção passa por cuidados com a saúde mental e que questões psicossociais estão frequentemente presentes entre os principais causadores de acidentes, incidentes, afastamentos e presenteísmo.

No entanto, a interpretação das normas passa por muitas discussões e interpretações diversas, levando alguns a uma compreensão tendenciosa sobre a exigência das avaliações psicossociais. Pode-se dizer, portanto, que as NRS que com frequência são compreendidas como exigentes de avaliações psicossociais são as NRs 10, 11, 12, 20, 33, 34, 35, 36 e 37.

Ocorre que, atualmente, já temos novas diretrizes — a atualização da NR1 ocorrida no dia foi publicada em 27 de agosto de 2024 pela Portaria MTE nº 1.419/2024, cujas mudanças entram em vigor a partir de 24 de maio de 2025.

Principais destaques da atualização:

1. *Inclusão de Riscos Psicossociais*: a NR 1 agora abrange a identificação, avaliação e gestão de riscos psicossociais, como estresse no trabalho, assédio moral e sexual e carga de trabalho excessiva.
2. *Gerenciamento Proativo de Riscos*: a atualização enfatiza a necessidade de um gerenciamento proativo e contínuo dos riscos ocupacionais, incluindo os psicossociais.
3. *Medidas Preventivas*: as empresas são incentivadas a desenvolver políticas que promovam um ambiente de trabalho saudável, implementando estratégias para mitigar os riscos psicossociais.
4. *Documentação e Fiscalização*: as empresas devem manter documentos de gestão de riscos e programas de gerenciamento de riscos à disposição para fiscalização.

Essas mudanças refletem uma crescente conscientização sobre o impacto das condições de trabalho na saúde mental dos empregados e buscam garantir ambientes de trabalho mais seguros e saudáveis.

A 10ª Reunião da CTPP (Comissão Tripartite Paritária Permanente) apresenta a nova redação que obriga as empresas a implementarem medidas para gerenciar esses riscos, garantindo que os trabalhadores não adoeçam mentalmente devido ao contexto e organização do trabalho. As empresas deverão realizar avaliações contínuas dos riscos e estabelecer estratégias para prevenir situações de assédio e violência no trabalho.

Sendo assim, todas as dúvidas sobre quais NRs seriam obrigatórias, agora passam a ser dirimidas, visto que a NR 1 não diferencia o risco ocupacional, mas coloca todos os trabalhadores na mesma situação diante da necessidade de enfrentamento dos riscos psicossociais no trabalho.

Também é possível perceber a crescente demanda dessa atividade, mesmo em atividades cujo risco ocupacional não aponta para a obrigatoriedade. Nesse sentido, é interessante observar a cultura organizacional e sua motivação para ater-se aos aspectos humanos na prevenção de acidentes. Considerando que Saúde e Segurança do Trabalho (SST) é uma área técnica, onde existe um maior domínio dos engenheiros, não é de se estranhar que haja uma tendência de lidar com prevenção de forma técnica. No entanto, já é possível perceber que muitos se inclinam fortemente para os aspectos humanos, privilegiando um olhar mais sensível aos aspectos intervenientes na segurança do trabalhador.

Não resta dúvida que é necessária a gestão da saúde e segurança para pôr uma fase de transição e quebra de paradigmas, gerando uma maior inclinação aos aspectos subjetivos nos entendimentos das causas dos afastamentos e dos acidentes de trabalho.

Com isso em vista, já é perceptível a aproximação entre RH e SST gerando uma interface mais atuante na gestão das pessoas, onde a saúde mental passa a ser de interesse de todos se quisermos uma empresa próspera e competitiva.

Além das NRs temos ainda a Lei 3588/2020 que ainda tramita para a definição das diretrizes para sua publicação no *Diário Oficial da União* (DOU), e que pretende acrescentar dispositivo na Consolidação das Leis do Trabalho a respeito das medidas de prevenção, intervenção e gestão dos riscos psicossociais no trabalho. Esta lei trará um novo impulso para despertar as empresas para a atenção aos cuidados com a saúde mental e o bem-estar do trabalhador, visando a prevenção de acidentes e condições mais favoráveis e atentas às demandas psicológicas do trabalhador.

E ainda mais recentemente tivemos a Lei nº14.831, de 2024, que já está em vigor, que criou o Certificado Empresa Promotora da Saúde Mental, que visa estimular e premiar a empresa que adotar critérios de promoção da saúde mental e do bem-estar de seus colaboradores, e foi publicada no *Diário Oficial da União* (DOU), em 27 de março de 2024.

Não restam dúvidas que as empresas vêm, de fato, sendo conduzidas, orientadas e estimuladas a darem uma maior atenção aos seus colaboradores no que se refere ao autocuidado e aos gestores para que observem e lidem com as questões humanas de maneira mais alinhada e respeitosa, com as reais necessidades de cada um.

Na contramão temos uma cultura que ainda se mostra arredia no que diz respeito a levar tais temas para o ambiente de trabalho, ainda acreditando que isso deva ser tratado fora do espaço laboral; e temos também os tabus do próprio colaborador que resiste e reluta em olhar para si e reconhecer seus limites e dificuldades. Porém as necessidades e urgências têm falado mais alto tornando esse um caminho sem volta.

Estamos falando de sustentabilidade humana e preservação da vida, o que não pode mais ser adiado, sob pena de inviabilizar o crescimento e desenvolvimento da economia. Estes aspectos precisam andar juntos, de forma que permitam que os resultados sejam colhidos por todos, sem danos a nenhuma das partes.

4

Valores e crenças - a necessidade de resgatar o óbvio

> *Para ser feliz é necessário que você utilize seus talentos na potencialidade máxima, e satisfaça seus valores.*
> (Aristóteles)

Não há mais dúvidas sobre a importância da definição e da reapropriação dos valores fundamentais nos processos de desenvolvimento. Esses valores definem as motivações, trazem sentido a tudo que se faz e facilitam processos decisórios, assim como as escolhas que fazemos. Mas também é interessante observar que, se questionarmos as pessoas sobre seus valores e sobre o quanto isso é claro para elas, rapidamente elas responderão que os conhecem e que têm tudo isso bastante claro. No entanto, na medida em que começam a refletir, as respostas desaparecem, o sujeito engasga e é tomado por um sentimento de estranheza vindo da triste descoberta de que estes valores não são tão claros assim, e muito menos praticados em seu dia a dia.

Perguntas que podem soar estranhas em um primeiro momento, porém com o sentimento de que devem ser simples e rapidamente respondidas, levam à mesma conclusão: as pessoas não conhecem seus valores fundamentais. Em que momento de sua vida você se lembra de ter se dedicado a responder sobre isso. Convido você, então, para um breve ensaio: Quais são as coisas mais importantes em sua vida? O que isso faz você sentir? O que sua realização trará? Qual sua escala de prioridades? O que é intolerável? O que você sente como imprescindível em sua vida? Por que isso é tão importante? Por que sim? Então você não está conseguindo aprofundar e refletir a ponto de chegar aos porões da sua alma, onde reside tudo que de mais valioso pode ser identificado. Ah... filosofia? Sim. Necessária por ser a base para tudo, e por indicar soluções para as angústias do dia a dia que geram conflitos e incômodos, e que não sabemos por onde começar a resolver. Segundo Epicuro, a filosofia é o "remédio para a mente".

Para aparentar um "bom mocismo", muitos dizem que o mais importante é sua família ou seu trabalho ou ainda Deus. Mas em que lugar fica sua própria vida? Por que é tão difícil ter sua vida como seu maior valor e cuidar de si mesmo como uma prioridade? Soa egoísta? Penso que não. Como cuidar da família e ser um excelente profissional sem cuidar de si mesmo? Ou mesmo sem amar a si mesmo e sentir-se satisfeito com sua caminhada na vida? Pesquisas têm revelado o quanto pessoas vulneráveis em sua autoestima obtêm resultados inferiores em sua vida profissional e em suas relações pessoais e familiares.

A Teoria da Aprendizagem Social, de Julian Rotter (1966), que nos fala do Lócus de Controle Externo e Interno, afirma que as pessoas que assumem para si a responsabilidade de suas vidas se tornam mais persistentes, com mais elevada autoestima e mais eficientes nas soluções de seus problemas. Representa saber que, se hoje me sinto feliz, sou absolutamente responsável por isso, assim como o inverso é igualmente verdadeiro. Não é possível terceirizar responsabilidades ou escolhas. E algumas definições básicas e fundamentais não podem tardar. Delas depende a condução de nossas vidas. Ser feliz depende de saber quem somos e para onde vamos. E nada mais elementar do que definir nosso ranking de valores considerando que iniciamos nossa trajetória de vida com uma determinada escala, mas vamos a alterando à medida que caminhamos. É importante aqui sermos capazes de reconhecer e aceitar nossas necessidades e limites, sem julgamento ou condenações. Falo dos valores que podem parecer pouco aceitáveis nos dias atuais, mas que, em certos momentos, fazem parte de nossas vidas. Em certa fase da vida, o dinheiro e o status podem ser importantes; mais adiante, esses valores podem vir a dar lugar à qualidade de vida e à realização, e assim se segue. Não podemos negar ou julgar nossos valores, e, no entanto, já vi isso acontecer. Novos dilemas vão se instalar, prejudicando nossa autoimagem ou até mesmo nossa autoestima. Nesse momento, algumas definições parecem se fazer necessárias, acomodando com equilíbrio e respeito os valores que começam a se formar.

Não quero de forma alguma convencer alguém de que esta deva ser necessariamente sua escala de valores. Mas ficaria muito satisfeita em provocar uma reflexão acerca desta questão. Se buscamos maior autoconhecimento, e isso parece ser cada vez mais o ponto de partida de qualquer processo de desenvolvimento comportamental, então nada mais óbvio do que esclarecer nossa escala de valores como primeiro passo para sabermos quem somos. Entendo que conhecer a si mesmo vai muito além do que simplesmente listar “aspectos positivos” e “aspectos a desenvolver”, como muito se fala nas áreas de RH, referindo-se às características de personalidade do sujeito a ser assessorado em seu desenvolvimento.

É cada vez mais evidente a fluidez do processo de mudança comportamental à medida em que a pessoa identifica seus valores, apropria-se deles e os coloca em prática em suas decisões e escolhas de vida. A motivação aflora, os bloqueios se desvanecem e um sentimento de maior clareza e bem-estar surgem, dando espaço a novos padrões. Ocorre um momento em que o indivíduo percebe o que impedia sua motivação, consumindo-o em estresse e bloqueando o alcance de seus objetivos de vida e de carreira. Entendo com essas experiências que o desalinhamento entre os comportamentos e seus valores passam a ser o principal fator de baixo rendimento causado por *desmotivação*. É claro que, ao decompormos o termo, nos deparamos mais uma vez com o óbvio: não há motivo para a ação.

Cabe esclarecer que este é um processo interno antes de tudo, ou seja, da interação do indivíduo consigo mesmo, para mais adiante poder ser visto como um processo da interação do indivíduo com o ambiente. Quero dizer com isso que o primeiro passo se dá na conexão com o que de fato existe dentro da pessoa, no mais profundo de sua alma. Refiro-me a tudo aquilo que verdadeiramente faz sentido em sua vida e é, de fato, gerador de felicidade e de um profundo sentimento de bem-estar consigo mesmo. Não é necessário que a pessoa esteja em um ambiente adequado a esses anseios, mas ela se sente tão completa e com clareza de seu mundo interior que, mesmo em um ambiente desfavorável, é possível experimentar a plenitude. Significa que conhecer e reconhecer a si mesmo, identificando e apropriando-se da própria essência, definindo sem titubear quem somos e por que existimos traz um profundo sentimento de liberdade, capaz de transformar o externo em razão da sublime paz interna.

A partir do momento em que a pessoa esclarece para si mesma quem é este ser que a habita, os valores passam a se definir e é possível perceber a força que se estabelece internamente, dando condições de resgatar a motivação, superar adversidades e alcançar metas individuais e coletivas. Neste momento, posso perceber, sobretudo nos processos de *coaching*, que a pessoa se movimenta de forma muito mais segura, confiante em sua capacidade de êxito e motivada em seguir em frente pelo simples fato de que, agora, tudo faz sentido.

5

Os campos de análise para compreensão dos riscos psicossociais

> *Vivemos hoje num mundo totalmente interligado, no qual os fenômenos biológicos, psicológicos, sociais e ambientais são todos interdependentes. Precisamos, pois, de um novo paradigma — uma nova visão da realidade, uma mudança fundamental em nossos pensamentos, percepções e valores.*
> (Fritijof Capra)

Já compreendemos o que representa risco psicossocial sob o ponto de vista da segurança do trabalho e da sua necessidade de ser observado quando falamos de trabalhadores que se expõem a riscos de morte ao cumprirem suas funções.

Pessoalmente, entendo que esta avaliação deva ir além do aspecto avaliativo e atingir o modelo de gestão das empresas (e isso inclui seus valores e crenças). Mais uma vez, realço o sentido deste trabalho e o significado que isso representa para o processo de humanização das empresas e da sociedade.

Ainda considerando a amplitude do cenário psicossocial, vejo assim a necessidade de pesquisarmos sobre quatro áreas fundamentais que podem, então, nos permitir a compreensão de como o indivíduo lida com sua realidade e quais suas condições para administrar a si mesmo.

Fonte. Elaborado pela autora

A partir da compreensão de cada uma dessas áreas poderemos inferir a condição do indivíduo para reconhecer a ação e interferência dos riscos psicossociais em seu dia a dia e, consequentemente, em sua segurança.

As emoções revelam o quanto este trabalhador considera sua vida importante, e, portanto, merecedora de zelo e atenção. A partir dessa atitude, poderemos ainda observar o quanto essa pessoa identifica seus medos, assume-os para si mesmo e administra sua ansiedade, inquietações, impulsos e anseios. Do mesmo modo, os aspectos referentes às emoções podem ainda refletir a forma como as decisões são tomadas, ou seja, o indivíduo decide arriscar e não agir de forma segura, ou escolhe seguir as normas e os procedimentos que podem assegurar sua vida?

Ainda sobre emoções, é essencial que se observe o quanto esses conteúdos internos são processados de maneira saudável e se manifestam livremente, sendo reconhecidos e compreendidos pelo indivíduo, ou se eles vêm se mostrando sob forma de transtornos, síndromes, fobias e alterações geradoras de sofrimento e desgaste da saúde mental.

Quanto à cognição, é importante avaliar se o trabalhador é capaz de assimilar, compreender e reter conteúdos de ordem mais complexa para que possa cumprir suas funções de forma não apenas eficiente e eficaz, mas com segurança. Nesse aspecto, podemos destacar a necessidade de percepção e de análise crítica. Quero me referir à condição de ir além da informação e compreender suas interrelações, suas causas e consequências, e questionar de forma a perceber o sentido daquele dado. Inclui-se nisso, a capacidade de ater-se a detalhes e minúcias por longo período, mantendo a qualidade dos resultados, sem perder em velocidade. Dependendo da função e do tipo de risco, talvez se torne mais importante que este trabalhador possua capacidade de alternar sua atenção entre dois pontos, ou ainda, é possível que precise estar atento a vários focos simultaneamente. Estamos falando, assim, da percepção que representa o ponto de partida para as demais respostas do cérebro e, por consequência, do comportamento do indivíduo.

A capacidade de aprender e reter o que foi aprendido poderá ainda, garantir a este trabalhador a condição mnemônica para que possa acessar os conteúdos assimilados nos treinamentos de segurança. Do mesmo modo, diante de situações de grande estresse e de abalo emocional, é essencial que este mesmo indivíduo possa recorrer a soluções para problemas relativos à sua segurança, e que dependerão de sua capacidade de acessar conhecimentos já adquiridos que, então, permitirão a construção de resoluções necessárias diante de situações de adversidade ou emergência. A tomada de decisão, enquanto função cognitiva, também possui um componente emocional bastante relevante neste caso, pois estamos falando de situações de pressão, em que uma decisão errada e contaminada por emoções, pode pôr a perder uma vida.

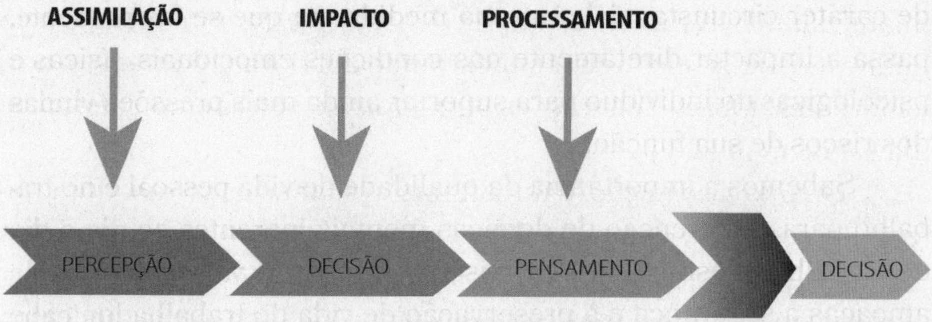

Fonte. Elaborado pela autora

Sobre a questão da saúde, é preciso observar os antecedentes do indivíduo no que se refere aos aspectos familiares e seus antecedentes diante de sua segurança. Isso significa que devemos considerar antecedentes de acidentes, sejam de pequenas e leves lesões, ou de advertência por não comparecer aos treinamentos, ou ainda por não usar EPIs. Esses antecedentes contribuem ainda com informações relativas a internações, hospitalizações, doenças adquiridas no trabalho ou mesmo alguma herança familiar apontando para o uso de álcool, drogas, violência doméstica, doenças mentais etc. Assim, os aspectos referentes a sintomas ou quadros já diagnosticados devem ser considerados não somente em relação ao indivíduo avaliado, mas em relação à sua família em primeiro grau.

Outro aspecto a considerar quando falamos em saúde diz respeito ao tanto que este indivíduo se preocupa e cuida efetivamente de sua saúde, ou seja, falamos de alguém que está atento às necessidades de seu corpo e mente no sentido de fazer tratamentos preventivos? Ou não? Trata-se de um indivíduo que mesmo depois de ter sintomas presentes e a caminho de um agravamento ou mesmo cronificação, ainda assim não cumpre com os cuidados mínimos e orientações médicas recebidas?

E, finalmente, ao apontar para o ambiente como mais um elemento determinante da gestão do risco psicossocial, refiro-me ao estresse como uma constante na vida de nossos trabalhadores nos dias atuais. O estresse pode estar presente no ambiente familiar ou organizacional, pode ter um foco de origem específico ou ser de caráter circunstancial, mas, na medida em que se faz presente, passa a impactar diretamente nas condições emocionais, físicas e psicológicas do indivíduo para suportar ainda mais pressões vindas dos riscos de sua função.

Sabemos a importância da qualidade de vida pessoal e no trabalho para a prevenção de doenças mentais inerentes ao dia a dia de trabalho. Mesmo diante de riscos e dos mais variados tipos de ameaças à segurança e à preservação de vida do trabalhador, cabe a cada um ter seu espaço pessoal de higiene mental, onde sinta-se livre e à vontade para minimizar os efeitos das pressões e adversidades, tornando sua labuta mais prazerosa ou menos penosa. O descanso físico e mental deve estar presente em momentos suficientes para que possa trazer o alívio necessário para que corpo e mente restabeleçam seu estado de equilíbrio.

A partir da compreensão desses aspectos será possível responder se o sujeito apresenta condições psicológicas para lidar com os riscos ocupacionais. Sempre é importante ter em mente que o objetivo é esclarecer o quanto o avaliado será capaz de suportar os riscos psicossociais, para lidar de maneira mais segura com os riscos ocupacionais, prevenindo acidentes.

6

A questão do medo - uma força ou uma fragilidade

> *A razão nos dá a consciência do risco e da incerteza; a intuição, o impulso e a energia necessários à ação.*
> (Paulo Roberto Mota)

Ao dar início às pesquisas, pude perceber a dificuldade das pessoas em falar sobre medo. Como se fosse indigno reconhecer a presença de uma emoção tão primitiva e incapacitante.

"Medo? Não. Tenho respeito." Essa era, e até hoje ainda é, a resposta mais comum e profissionalmente aceita no ambiente organizacional. Falar de medo para algumas funções parece ser o mesmo que reconhecer sua incompetência para a tarefa, sobretudo para aqueles que se sentem "super-heróis" como bombeiros, policiais, eletricistas ou brigadistas. Parece não haver permissão para o medo, na medida em que este não coaduna com a figura de um herói. Heróis não erram. Heróis não sentem medo. Heróis podem voar.

Porém, como adotar uma atitude segura e ficar atento aos riscos sem sentir medo? Outros mais experientes já me disseram:

"Meu medo é o que me mantém vivo!". Reconhecem a importância do medo para manter-se atento e sensível aos perigos. Percebem que o medo aciona seu instinto de autopreservação de maneira a "acordar" sua atenção às normas, regras e todos os aspectos preventivos aprendidos em treinamentos de segurança.

De qualquer forma, este assunto requer reflexão e discussão. Mas como não ter medo diante de tanta vulnerabilidade? Qual a medida adequada do medo para que a pessoa se mantenha atenta aos riscos, sem se tornar fóbica ou excessivamente acuada? Essa resposta terá uma medida diferente para cada indivíduo em tempos diferentes, mas pode ser a resposta necessária para avaliar o quanto esta pessoa está capacitada a se expor em funções de risco.

Negar o medo pode representar a falta da percepção dos riscos, ou a fragilidade de uma autoestima já desgastada. Seja qual for a explicação, estamos diante de situações de riscos aumentados, de maiores chances de acidente. Mas o que é medo? Como entender isso e ajudar os profissionais a aceitarem de forma simples a presença de uma emoção natural, saudável e comum a todos seres humanos. O medo é uma emoção que surge diante de uma ameaça a nossa vida, oriunda de um instinto de preservação que nos alerta para termos cuidado. Pode funcionar em nível normal, e ser apenas este alerta, mas pode exacerbar, tornando-se um transtorno em forma de fobias e neuroses, bloqueando nossas reações, paralisando nosso comportamento e impedindo a ação adequada diante do risco.

Medo & Coragem

Certa vez, ouvi: "Coragem não é a ausência do medo, mas a certeza de que existe algo maior que o medo". Resgato esse conceito para esclarecer que não é possível esquecer, negar e evitar o medo se quisermos segurança. Mas reconhecê-lo, aceitá-lo e nos utilizar desta emoção para fazer escolhas, e tomar decisões inteligentes e sábias, ainda me parece a melhor forma de entender e tratar o medo. Dizer não a uma ação ou ambiente inseguro pode representar coragem ao invés do medo. Pode representar que minha vida vale mais que um procedimento de trabalho, e que este valor pessoal não será esquecido. Negar-se a uma ação insegura pode comunicar maturidade para exercer um direito de recusa. Mas, em alguns casos, pode ser indicador de transtorno fóbico, de neurose de ansiedade ou ainda em mera negligência, que busca se esconder atrás de ações de segurança. Caberá à empresa saber discernir para melhor compreender os profissionais que atuam com risco.

Medo & Percepção dos riscos

Outro aspecto a considerar diz respeito à percepção dos riscos. O medo ocorre na mesma medida que o risco é percebido, ou seja, tenho medo daquilo que percebo como uma ameaça à minha integridade física. Recentemente, diante de operadores de uma indústria de produtos altamente inflamáveis, tive uma grande surpresa com as respostas que obtive sobre os riscos percebidos. Em vez de apontarem riscos como as altas temperaturas, explosões, intoxicação química ou queimaduras, colocaram como o mais importante risco a redução de custos em manutenção e em lotação de pessoal. Segundo o entendimento dessas pessoas, as condição apontadas colocam os equipamentos em situações deficitárias e, com a redução de pessoal, há uma sobrecarga de trabalho, com possibilidade de dobrar as jornadas de trabalho diário de oito para 16 horas.

Outro relato de risco e medo foi trazido por um grupo de eletricistas que se referia ao medo de ir a uma zona comandada pelo tráfico de drogas para cortar a luz de um traficante ou para cortar o "gato" de alguém. Para este risco, diziam os eletricistas, não existe treinamento, nem EPI e nem norma de segurança que os proteja de forma suficiente para o seu enfrentamento. Nestes casos, o medo foi reconhecido, assumido e vivido de forma intensa, porém, sem ferramentas ou recursos para a prevenção.

Diante disso, a insegurança aumenta junto com o sentimento de que a segurança dos funcionários não parece ser uma preocupação da empresa. Neste caso, a configuração do medo passa a estar atrelada à cultura organizacional e/ou aos aspectos sociais, e não necessariamente ao ambiente físico em si.

Medo x Medo + Medo

Em alguns casos, o medo resultante do risco pode ainda estar gerando medos secundários, por exemplo, medo de perder o emprego, medo de ser chamado de incapaz, medo de não ser valorizado, que também irão fragilizar e impactar a autoconfiança que sustenta a condição para lidar com os riscos.

Diante de uma gestão ou de uma cultura, seja ela organizacional ou social, que não aceite, não entenda e não compreenda o medo, o indivíduo pode tê-lo negado, sufocado e, por isso, multiplicado, dando origem a outras inseguranças. Caso o medo seja percebido por líderes que não compreendam sua importância, o indivíduo poderá experimentar outros medos referentes ao seu trabalho, à sua imagem ou ainda à sua possibilidade de crescimento na carreira. Quero dizer que, em alguns casos, é difícil assumir e sentir o medo, mas também é difícil ser visto como alguém que sente medo. Como posso dar um cargo de maior responsabilidade a um profissional que sente medo dos riscos do seu dia a dia?

Medo & Adrenalina

Em alguns casos, o medo deve ser compreendido como algo necessário e impulsionador da motivação e do interesse do indivíduo. Trata-se de pessoas que se alimentam da força gerada pela produção deste hormônio. Estar em um ambiente perigoso é motivador e o faz sentir desafiado, sendo assim, irá recorrer aos meios necessários para que obtenha os resultados esperados.

Pessoas que trabalham em funções de riscos e que tiveram a oportunidade de chegar a um nível superior de escolaridade, com suas funções cognitivas mais bem desenvolvidas, revelam grande interesse por atividades do tipo esportes radicais. Afirmam se divertir testando seus limites e experimentando novos desafios, onde vivem o medo de forma diferenciada, ou seja, um medo buscado, desejado e escolhido. Não aquele medo imposto pelo trabalho.

Nesses casos, tendo todos os aspectos de segurança considerados, vejo como uma forma saudável de autoconhecimento, na qual o indivíduo busca meios de saber mais sobre si mesmo, construindo meios de preservar sua vida.

O medo é um importante balizador para nos apontar o quanto o indivíduo está lúcido sobre suas realidades e os riscos presentes.

Negar o medo representa não perceber os riscos. Do mesmo modo que o pânico também não é adequado devido ao desgaste emocional causado.

É preciso a presença do medo na medida certa para que o processo perceptivo aconteça.

A percepção e a forma como esta é desenvolvida é determinante na gestão de riscos e na promoção da saúde mental do trabalhador. É preciso compreender como a pessoa recebe informações e o mundo que a cerca, como registra e como irá responder ao que registrou, definido, assim, seu comportamento.

A presença de sintomas físicos, fantasias e o pensamento catastrófico apontam para os limites entre o medo saudável e o medo patológico, permitindo uma melhor avaliação sobre o quanto pode trazer um caráter adaptativo diante de situações adversas e de risco à segurança do indivíduo.

Adequado	Inadequado	Pânico
• Medo de ser contaminado. • Medo do estresse. • Medo dos problemas financeiros. • Medo de outras doenças.	• com insônia; • com ansiedade contínua; • com dificuldade de concentração; • com desânimo; • com pessimismo; • com alterações de humor. • Medo irracional.	• Medo de morrer. • Pensamento catastrófico. • Descontrole emocional. • Ansiedade exacerbada. • Sintomas físicos: taquicardia, sudorese, tremor etc.

Fonte. Elaborado pela autora

Portanto, ao tratar sobre medo com sujeitos que lidam com o perigo diariamente, frequentemente iremos nos deparar com um paradigma conferindo certa relutância em reconhecer esta emoção.

Será necessário desfazer qualquer tabu ou estigma que possa vir a limitar a expressão e o reconhecimento da presença do medo, para que seja possível abordar o tema com maior clareza e desobstrução.

7

Autoestima e autoeficácia - suas implicações na segurança

> *A autoestima é a reputação que adquirimos conosco mesmos.*
> (Nathaniel Branden)

Autoestima se refere à forma como nos sentimos em relação a nós mesmos. Ela determina nossas reações a qualquer acontecimento do cotidiano, ou seja, o julgamento que fazemos a nosso respeito dirige nossas vidas, conforme coloca Ana Rita Moura (1999).

A autoestima tem dois componentes importantes: o núcleo dela é o sentimento de valor pessoal, que trata da convicção de sermos amados e valiosos do jeito que somos, independentemente do que fazemos. Já a segunda parte é constituída pelo sentimento de competência pessoal. Essa parte é construída ao longo da vida, por sabermos que somos bons em algo e nos impulsiona a completar tarefas mais desafiantes e interessantes pela satisfação em desempenhá-las.

Em situações de haver um prejuízo no desenvolvimento da primeira, o indivíduo se depara com uma consequente sensação de vazio interior, que nenhuma sensação de aprovação situacional pode preencher completamente.

Segundo Nathaniel Branden, a autoestima "é o sentimento, a experiência, e a convicção de ser adequado à vida e aos seus desafios, e a nossa mente é a ferramenta básica da sobrevivência. O pilar central da autoestima saudável é a política de viver consciente de si e responsável por sua realidade".

Já o construto da autoeficácia, desenvolvido por Albert Bandura (Azevedo, 1997), psicólogo canadense, afirma que a autoeficácia é tida como a crença que o indivíduo tem sobre sua capacidade de realizar com sucesso determinada atividade.

Associando as colocações de Branden ao mundo do trabalho, entendo que o alicerce da autoestima positiva começa pela identificação e resgate dos valores fundamentais. Como posso me sentir adequado à vida e aos seus desafios sem ter minha conduta alinhada aos meus mais essenciais valores? Como posso estar feliz e motivado se, para ceder às pressões e cobranças da vida diária, me distancio do meu valor pessoal? Quantos indivíduos conseguem com clareza e convicção responder sobre seus valores? Ao ser indagado sobre seus valores, as pessoas em geral, rapidamente respondem: minha família!!! Afinal, é bonito dizer isso. É politicamente correto e socialmente aceito dizer que minha família é o meu bem mais precioso. Contudo, depois de algumas observações com trabalhadores que exercem funções de risco em espaço confinado ou em altura, e vivem acintosamente os riscos psicossociais do mundo atual, pude perceber que o seu valor pessoal ou, ainda, o valor de sua vida é colocado de lado para beneficiar o sustento de suas famílias e garantir um emprego. Pode soar egoísta dizer que minha vida é mais importante, e, dessa forma, nos distanciamos de nosso valor pessoal. E embora ainda não possua dados estatísticos para esta questão, arrisco afirmar que muitos dos acidentes de trabalho acontecem por perda do seu valor pessoal. Os sentimentos de que minha vida não tem muito valor, não me sinto importante para as pessoas que amo, não faço falta para ninguém ou, ainda, se eu me machucar, ninguém se importaria (ou seja a perda do sentimento de importância) podem se tornar cruéis colaboradores para a deterioração da autoestima, levando ao acidente.

Já pude acompanhar casos em que este cenário era bem claro. Certa vez havia um coordenador de uma empresa petroquímica que sempre foi bastante atento às normas de segurança, competente em sua função e, já com muitos anos de empresa, era um profissional reconhecido e valorizado. Porém, problemas de ordem pessoal gerados a partir do início de um processo de divórcio, que colocou sua esposa e filhos contra ele, foram acarretando mudanças de comportamento. Seus liderados, pares e líderes passaram a observar que ele negligenciava o uso de EPIs, já não cumpria com regras básicas de funcionamento da empresa e de segurança, mas, sobretudo, chamava atenção para pequenas lesões que começavam a ocorrer dentro e fora do trabalho. Chegava de manhã para trabalhar com um olho roxo, com cortes na cabeça e machucados nas mãos. Preocupada com o colaborador, a área de RH solicita uma avaliação psicológica para buscar compreender o que se passava e como ajudar. Foi então que o resultado apontou para um quadro depressivo e de ideação suicida, onde o colaborador precisou ser afastado de sua função para dar início a um tratamento psicológico. Outro caso mais grave, mostra a história de um mineiro que explorava ouro dentro das rochas da Chapada Diamantina, em Jacobina, na Bahia, e teve a vida encerrada durante uma operação imprudente. Após uma observação mais detalhada dos riscos psicossociais, pode-se perceber que seu contexto familiar e social era tomado de situações de pressão, cobrança e agressões por parte de esposa, mãe, filhos e amigos, e que o uso do álcool já era bastante frequente.

Quero com isso chamar a atenção para a condição psicossocial e emocional dessa pessoa para estar se expondo a riscos importantes, sem a condição de avaliar a si mesmo, mas preocupando-se em manter seu emprego para não ter ainda mais problemas. Alguns diriam que cabe ao gestor perceber isso e afastar o profissional do risco, mas estes mesmos gestores poderiam responder que não são psicólogos para avaliar isso. Seria, então, uma função da área de recursos humanos? Da medicina ocupacional? Ou ainda dos técnicos de segurança que acompanham e avaliam as condições para o cumprimento de um trabalho seguro? Entendo que temos uma multiplicidade de conhecimentos a considerar quando tratamos de segurança no trabalho e de risco psicossocial. Vejo a importância de complementar nossa visão buscando entendimentos de tantas outras áreas que já vêm se dedicando a este tema muito antes da psicologia ser chamada a contribuir com a avaliação de risco psicossocial.

Sabe-se que a autoestima é construída até cerca de 7 ou 8 anos de idade. E uma pesquisa recente alarmou a população de pedagogos, professores e pais apontando que até a idade de 18 anos um jovem ouve de 65 a 130 mil informações negativas e ofensivas de pessoas importantes para ele como os pais, professores e familiares. Se a autoestima é uma atitude que nos faz sentir merecedores de algo, como podemos nos sentir merecedores se aprendemos que não somos importantes para as pessoas que para nós são importantes?

Vejo profissionais buscando desenvolver suas carreiras sentindo-se na obrigação de tornarem-se líderes, porque aprenderam e registraram em suas mentes que crescer significa ascender verticalmente em uma empresa. Mas como ficam aqueles que não se sentem felizes comandando equipes por que tiveram sua autoestima aniquilada durante seu desenvolvimento? Alguns dizem claramente que preferem ser "cordeirinhos", outros dizem "prefiro ter alguém que me diga o que fazer", e outros afirmam veementemente "não nasci para cacique". Isso significa que o líder tem que ter uma autoestima positiva? Certamente. Faça a você mesmo a pergunta: Quem eu admiro por sua carreira e pela pessoa que é? Ao responder, faça uma breve análise de sua autoestima. E então, concordamos? Uma vida feliz e uma carreira dependem sim de uma estima bem alicerçada e consolidada.

Mas claro, como tudo é muito volátil nos seres humanos, sabemos que a autoestima não é diferente disso. Assim como tudo que existe dentro de nós (emoções, sentimentos, ideias e atitudes), a autoestima também pode passar por oscilações, ter altos e baixos e sofrer interferências externas dependendo do nível de maturidade emocional do indivíduo para lidar com adversidades e pressões. Mas, acima de tudo, depende da *consciência de si*, ou seja, do quanto estamos apropriados das nossas reações, do quanto entendemos nossas emoções: sabemos o que nos motiva, o que nos trava, o que me faz agir de forma indesejada ou ter reações surpreendentes. Através dessa consciência, podemos evitar conflitos e promover nosso bem-estar, podemos fazer escolhas inteligentes, romper padrões de comportamentos indesejados e redefinir nossa atuação diante de nossa vida.

"Viver conscientemente é viver de maneira responsável em relação à realidade. A consciência expandida de si mesmo e de sua realidade leva *à* realização de escolhas inteligentes. A independência é uma virtude da autoestima."

Viver conscientemente

Viver com consciência de si representa o respeito e a aceitação de quem somos. E isso não significa de modo algum conformismo ou comodismo, mas sim a compreensão de minha totalidade e de minhas partes como algo único, de valor e que faz de mim alguém especial. Essa capacidade de aceitar a si mesmo, sem julgamentos ou censura, gera sentimentos de leveza e de serenidade oriundos de um profundo amor por si mesmo, mas que em nada nos impede de seguir evoluindo em busca do simples direito e merecimento de ser alguém ainda melhor e ainda mais feliz.

Branden fala do princípio da causalidade recíproca, onde viver conscientemente torna-se tanto causa como efeito da autoconfiança e do autorrespeito. Esses conceitos são abordados de forma que a aprovação ou desaprovação de terceiros se tornam irrelevantes, uma vez que a própria aprovação passa a ser prioridade. Não se trata de um afastamento social ou de negação da necessidade de ser amado e admirado, mas, muito antes disso, é preciso aceitar-se, aprovar-se e respeitar-se. Tendo esta estrutura bem estabelecida, a necessidade do outro passa a ser um complemento, algo a ser somado, e não mais uma dependência ou algum tipo de "muleta emocional".

Libertar-se de culpas

As culpas por si só geram a autocondenação e o autojulgamento. Com frequência, o indivíduo soma a isso a condenação e o julgamento de terceiros com ainda mais severidade. E esse ciclo subverte a autoestima positiva, podendo, inclusive, conduzir a atitudes autopunitivas, afastamentos sociais e dificuldades em todas as áreas da vida.

Para isso é fundamental que possamos descobrir nossas qualidades e deficiências, com o propósito de podermos gerenciá-las melhor, aprimorar nossas atitudes e determinar com arte e sabedoria as experiências que vivemos. No entanto, essa tarefa não é fácil, uma vez que bloqueamos nosso desenvolvimento por quatro razões básicas:

1. Idealização: superexigência — querer ser perfeito.
2. Medo de vencer: medos ilógicos e inconscientes, mas totalmente arraigados na pessoa.
3. Conexão sucesso-catástrofe: relacionar quem obtém sucesso com alguma tragédia e esta crença é reforçada diariamente pelos meios de comunicação.
4. Não saber criar metas e estratégias para atingi-las: metas evitam desperdício de energia e as estratégias indicam os caminhos para atingi-las.

Outro fator que devemos estar atentos são os *sabotadores internos*. Precisamos identificá-los e superá-los:

- Adiar — Protelar sempre.
- Repetir — Não aprender com seus erros.

- Distrair-se — Desviar a atenção do seu objetivo.
- Complicar — Aumentar o problema para experimentar a sensação de que é grande ao resolvê-lo.
- Desanimar — A raiz da palavra desânimo é a palavra anima, que significa alma. Alguém que desanima, portanto, é alguém que perde sua alma.
- Duvidar — "Será que vou conseguir?" "Será que vai dar certo?".

Todos nós nascemos com um potencial infinito para desenvolvermos a autoconfiança e o autorrespeito. No entanto, as informações avaliativas que recebemos de outras pessoas contribuem para que a formação desta autoimagem se consolide ou não.

O acúmulo de culpas, sabotadores, queixas e registros negativos que criamos ao longo da vida de pessoas importantes vão formando tantas emoções negativas e primárias que, sem serem reconhecidas por nós mesmos, se transformam em uma energia de julgamento e condenação destrutiva. Vamos entender como construir caminhos de autoabsolvição, ou seja como podemos nos perdoar e retomarmos uma relação serena, saudável e satisfeita.

1. Precisamos assumir nossa responsabilidade por nosso erro ou engano. Neste momento, inicia-se um processo de autoaceitação, onde não fugimos mais de nossa realidade. Mas encaramos frente a frente, sem medos ou insegurança, a crença de que estávamos tentando acertar, e o profundo desejo de aprender.
2. Logo em seguida, o segundo passo: assumir explicitamente e publicamente, se for o caso, de que erramos e reconhecemos as consequências por nossos erros. A atitude de humildade e de simplicidade diante de nossos atos coloca em ação estes mesmos valores, gerando a força interna necessária para este momento de correção de rumos. Repre-

senta que você já se perdoou, e portanto, o próximo passo é o perdão do outro.

3. Por fim, corrigir nossos erros, buscar resgatar suas consequências, sobrepondo a uma nova conduta que permita, se não eliminar as consequências, ao menos minimizá-las. Desta forma, diminuímos os danos causados, o que certamente será gerador de um grande sentimento de orgulho por si mesmo.

"Nós não somos motivados a mudar as coisas cuja realidade negamos. Sem uma mudança de comportamento, recriamos continuamente a desconfiança".

A honestidade consiste em respeitar as diferenças entre o real e o imaginário (criado em nossa mente) e não tentar obter vantagem de uma irrealidade que poderá nos levar a resultados catastróficos contra nós mesmos. Não podemos fingir uma realidade – a fraude irá se voltar contra nós mesmos.

Viver responsavelmente

Na medida em que sabemos ter agido corretamente, ter feito a coisa certa e adotado um comportamento absolutamente coerente e alinhado com nossos mais profundos conceitos e valores, estaremos alimentando nossa autoestima.

É importante termos cuidado para não confundir a culpa, com um elevado nível de exigência. Alguns se dizem perfeccionistas, como se isso fosse parte de seus aspectos negativos, mas, no entanto, dizem isso com um sorriso no rosto, deixando claro que na verdade sentem-se orgulhosos de serem assim, e que isso é positivo e motivo de satisfação. Essa mentira contada a si mesmo paralisa o processo evolutivo e não abre espaço para a mudança, deixando a pessoa passiva e acomodada, protegida por uma imagem fantasiosa de si mesmo, porém confortável.

Viver com autenticidade

Abrir os olhos para nossa própria realidade nos liberta das névoas da ilusão e abre as portas para a evolução. Não podemos recriar nossa realidade sem antes conhecê-la na totalidade, sem desapegos a padrões já obsoletos. Não mudamos o que não conhecemos muito bem. Aceitando nossa responsabilidade por nossas escolhas, nossos atos e nossos enganos, nos apropriamos de nossas vidas e a colocamos em nossas mãos com muito mais consciência de nossa existência.

Uma boa autoestima requer congruência, o que significa que o EU interior deve estar de acordo com o que manifesto e dedico para o mundo. O impacto que geramos no outro é a melhor referência que temos de nós mesmos.

Alimentar a autoestima do outro

Todo o movimento ou intenção dirigida à autoestima do outro irá se voltar para a nossa autoestima também. Quando nossos comportamentos são dignos e comprometidos com o bem comum, nos sentimos felizes por nós mesmos. Do mesmo modo, quando tentamos desfazer um padrão negativo que nos faz mal, e faz mal às nossas relações, igualmente nos sentimos bem. Esses comportamentos alimentam nossa autoestima.

Observa-se ainda que, sempre que nos permitimos expressar nossos melhores sentimentos pelo outro ou por nós mesmos, sem nos sentirmos ridículos e sem medo de censura ou julgamento, experimentamos um autêntico sabor de liberdade e de direito de sermos que somos – o que nos coloca a caminho da auto aceitação. Ao percebermos que nossos melhores comportamentos colocados em prática, são geradores de boas consequências, a auto aceitação torna-se ainda mais fácil.

A questão do egoísmo

Vejo com frequência pessoas serem julgadas de arrogante por demonstrarem explicitamente sua satisfação consigo mesmo ou por sentirem confiança em suas habilidades e capacidade de êxito. O paradigma hoje existente parece dizer que se lutarmos pelo que desejamos, tivermos sucesso e nos sentirmos felizes por nosso valor e capacidade, seremos, então, pessoas egoístas, por que buscamos um interesse pessoal e não cuidamos dos interesses dos demais. Será isso egoísmo? Será mesmo que dessa forma esquecemos do coletivo? Mas por que não me fortalecer individualmente para poder contribuir com os demais?

Se você for indagado sobre seus valores, o que diria? Se alguém lhe perguntar: O que é mais importante para você? Já posso imaginar que responderia: minha família, ou meus filhos, até mesmo algo referente a sua fé religiosa. Mas como cuidar de nossas famílias e filhos se antes não cuidarmos de nós mesmos? O que estaremos ensinando a nossos filhos se deixarmos nossa realização de lado para superprotegê-los e atender a todas suas vontades? A autoestima bem sedimentada nos ensina e encoraja a responder: A MINHA VIDA — minha vida, minha saúde e minha felicidade — são as coisas mais importantes para mim. Dessa forma, podemos ensinar autoestima a nossos filhos. Demonstrando a eles a nossa luta por nosso direito de existir, ser quem somos e nos sentirmos merecedores e capazes de uma vida plena e feliz.

E se não for assim, por que existir? Se isso é ser mau ou egoísta, então como ser feliz? Que respeito teremos por nós mesmos?

Branden coloca muito bem ao dizer que: “Para ter uma vida bem-sucedida, precisamos de uma ética de autointeresse racional, até que estejamos preparados para respeitar o direito do indivíduo à sua própria vida. Até que entendamos que cada pessoa, inclusive nós mesmos, é um fim em si e não um meio para os fins dos outros, não poderemos pensar com clareza sobre nossa própria existência, ou sobre os requisitos para a felicidade humana”.

Desenvolver a autoestima é expandir a nossa capacidade de ser feliz. É um saber viver que envolve sabedoria. Quanto mais saudável a nossa autoestima, mais bem equipados estaremos para lidar com as adversidades da vida, seremos mais flexíveis e resistiremos à pressão de sucumbir ao desespero ou à derrota; é maior a probabilidade de sermos criativos no nosso trabalho e obtermos consequente probabilidade de sucesso; mais ambiciosos tenderemos a ser em termos das experiências que esperamos vivenciar de maneira emocional, material, criativa e espiritual. Além disso, maiores serão nossas possibilidades de manter relações saudáveis; mais inclinados estaremos a tratar os outros com respeito, benevolência e boa vontade, pois não os vemos como ameaça. E, por fim, quanto mais saudável for nossa autoestima, mais alegria teremos pelo simples fato de ser, de despertar pela manhã.

O estado em que a autoestima se mantém é o que a torna mais saudável ou não. A importância dela se dá em termos de que ela é o fundamento de nossa capacidade de agir ativa e positivamente sobre as oportunidades da vida.

Em resumo, para proteger nossa autoestima, precisamos ser capazes de nos conhecer e reconhecer nossos padrões de comportamento. Significa a certeza de que os padrões os quais julgamos são verdadeiramente nossos e não meros valores repassados por outros que nos induzem a sentirmos obrigados a seguir, sem convicção, mas apenas para nos sentirmos aceitos. E nunca desculpar ou rejeitar nossos atos, mas assumi-los com responsabilidade e respeito.

8

Inteligência emocional no trabalho

> *O primeiro passo rumo ao Poder do Homem é se auto-observar. Isto quer dizer prestar mais atenção em si mesmo; nossas condutas revelam sempre o que levamos no coração; e o que levamos no coração é reflexo dos nossos pensamentos. Observando nossas próprias condutas, podemos esclarecer para nós mesmos os rumos de nosso intelecto, de nossas vidas e corrigi-lo em tempo hábil para não encalharmos ou até mesmo naufragarmos.*
> (Ana Rita de Macedo Moura e Maria do Carmo Nacif de Carvalho)

Diferentemente do que muitos imaginam, a inteligência emocional (IE) não trata apenas do controle de emoções, mas sim do entendimento das emoções no processo do pensamento. Lidar com as emoções de forma inteligente representa fazer uso de suas emoções para tomar decisões, ou seja compreender suas emoções para fazer escolhas. E não as ignorar ou sufocá-las como sendo algo ruim ou nocivo ao nosso comportamento.

Alguns acreditam que não devemos dar atenção às nossas emoções, e que nossas reações e comportamentos devem ser construídos apenas pela condução da razão, isentos de emoções. Essa ideia, além de impraticável, não seria inteligente. Conhecer e entender nossas emoções e sentimentos faz parte de um importante processo de autoconhecimento, que permite ao indivíduo conduzir-se em seus relacionamentos. É preciso conhecer o que nos afeta, e de que forma reagimos internamente diante das influências do dia a dia.

Cabe lembrar que a inteligência emocional é um recurso construído exclusivamente pela capacidade do indivíduo de lidar com suas emoções e não necessariamente depende de capacidade cognitiva. No entanto, esta afirmativa pode gerar controvérsias, visto que o aprendizado sobre estratégias de desenvolvimento deste tipo de inteligência pode envolver, em certa medida, a necessidade de algum recurso cognitivo.

Sabe-se que o ponto de partida é o conhecimento de si mesmo, o que significa compreender as reações, emoções, demandas emocionais, tendências atitudinais e crenças limitadores. A partir disso, passa a ser possível pensar em regulação emocional e em um manejo controlado e intencionalmente conduzido das próprias respostas comportamentais e adaptativas.

A noção de inteligência emocional (IE) combina duas ideias: a de que as emoções podem "tornar o pensamento mais inteligente" e a de que se pode "pensar inteligentemente acerca das emoções" (Mayer & Salovey citado por Goleman, 1999, p. 5).

Goleman (2000; 2003) tem caracterizado a IE como um conjunto de características pessoais e sociais. Segundo este autor, a IE é "a capacidade de a pessoa motivar a si mesma e persistir, a despeito das frustrações; de controlar os impulsos e adiar a recompensa; de regular o seu próprio estado psicológico e impedir que o desânimo subjugue a faculdade de pensar, de sentir empatia e de ter esperança" (Goleman, 2003, p. 54).

E entende que ela possa ser avaliada através da investigação de 5 competências básicas:

1. Aptidões interpessoais: como o indivíduo se relaciona com as diferenças individuais, como lida com pessoas que julga difíceis de interagir, como se vincula e satisfaz suas expectativas e necessidades emocionais.
2. Aptidões intrapessoais: como administrar seus impulsos, como lidar com suas emoções, como controlar sua agressividade e angústias.
3. Gestão do estresse: o quanto é capaz de recorrer a recursos de higiene mental que minimizem os efeitos do estresse e das pressões do dia a dia, garantindo sua qualidade de vida e saúde física e mental.
4. Adaptabilidade: condição de ajustar-se e inserir-se em novos ambientes, grupos e situações, ainda que se revelem adversos e incomuns à cultura do indivíduo.
5. Disposição/otimismo. Este último item é o mais subjetivo de todos, pois refere-se a uma condição intrínseca, ou uma predisposição à felicidade e ao bom humor. Algo sem uma explicação lógica, mas que coloca o indivíduo positivo e confiante mesmo diante de dificuldades.

Já para Siegfried Brockert e Gabriele Braun (2010) podemos avaliar o quociente de inteligência emocional (QIE) através dos seguintes itens: habilidades interpessoais, controle e disciplina, administração do tempo, carreira, estresse, qualidade de vida, segurança, autoconfiança, resolução de problemas, empatia, autoconhecimento, autoestima, liderança, comunicação e autoafirmação.

Muitas concepções de inteligência, e suas medidas, incluíram no passado como na atualidade variáveis não cognitivas: concepções de inteligência como a de Inteligência Social (Thorndike & Stein 1937), de Inteligências Múltiplas (Gardner, 1983), de Inteligência Prática (Sternberg & Wagner, 1993), Inteligência Emocional (IE) (Salovey & Mayer, 1990; Bar-On, 2000; Goleman, 2003).

Enquanto alguns autores propõem teorias baseadas em competências emocionais (Salovey & Mayer, 1990), outros falam de

IE como uma capacidade de adaptação social e emocional, isto é, como um conjunto abrangente de competências.

Bar-On, por seu lado, define IE como "um conjunto de competências e capacidades não cognitivas que influenciam o desempenho de cada um face às exigências e pressões do meio" (Bar-On, 1997, p. 14 apud Mayer, Caruso & Salovey, 2000b).

Salovey e Mayer (1990) definiram-na como um conjunto de aptidões relacionadas à percepção, expressão e regulação das emoções em si mesmo e nos outros, e a utilização das emoções para motivar, planear e atingir objetivos na vida.

Posteriormente, apresentaram um modelo de inteligência emocional, no qual o processamento de informações emocionais é explicado por meio de um sistema de quatro componentes organizados em níveis:

a) percepção, avaliação e expressão da emoção (Perceber Emoções);
b) a emoção como facilitadora do pensamento (Facilitar o Pensamento);
c) compreensão e análise de emoções, e emprego do conhecimento emocional (Entender Emoções);
d) controle reflexivo de emoções para promover o crescimento emocional e intelectual (Gestão de Emoções).

Porém, segundo Damásio (2005, p. 145),

> "[...] em muitas circunstâncias da nossa vida como seres sociais, sabemos que as nossas emoções só são desencadeadas após um processo mental de avaliação que é voluntário e não automático. Em virtude da natureza da nossa experiência, há um amplo espectro de estímulos e situações que se vieram a associar aos estímulos que se encontravam inatamente selecionados para causar emoções. As reações a esse amplo

espectro de estímulos e situações podem ser filtradas através de um processo de avaliação ponderada".

Parece comum a todos os autores que a inteligência emocional se refere a uma forma mais sofisticada de "pensar e decidir", fazendo uso do conhecimento que cada um tem de suas emoções, ou seja, é a emoção a serviço da razão.

Trazendo este conceito para nosso tema — segurança no trabalho —, fica parecendo óbvio reconhecer a importância de saber lidar com nossas emoções em situações de adversidade. Começando pelo autoconhecimento, ou seja, percebendo como reajo, sabendo como me sinto, o que me causa reações indesejadas ou me dando conta dos comportamentos que não possuo e preciso realizar.

É bem verdade, que raras são as empresas que treinam comportamentos seguros. Os treinamentos, em sua maioria, são desenvolvidos em torno de questões técnicas, referindo-se a normas, identificação de riscos e uso adequado dos equipamentos de segurança e preventivos. Contudo, nada disso terá efeito se o comportamento não estiver alinhado. E isso passa por conhecer a si mesmo.

Sobre o *savoring*

De forma a compreender melhor a estrutura do modelo de *savoring*, e uma vez que não foi fácil encontrar na língua portuguesa uma palavra que traduza na globalidade este conceito, começamos por defini-lo de acordo com o proposto por Bryant e Veroff (2007).

Para os autores o *savoring* diz respeito ao processo através do qual as pessoas promovem, apreciam e potenciam as experiências positivas. Este processo engloba, também, a natureza dinâmica interativa e transacional das emoções positivas, assim como a interação entre a pessoa e o seu ambiente. Por último, o conceito de *savoring* diz respeito a experiências sensoriais, mas também a associações cognitivas mais complexas. Ainda segundo Bryant e Veroff (2007), a palavra *savoring*, vem do Latim "sapere", que significa conhecer. Desta forma, *savoring* é uma forma de conhecimento, mais especificamente o conhecimento que se adquire sobre os acontecimentos positivos da vida.

Em resumo, Bryant e Veroff (2007) definem o conceito de *savoring* como: "[...] um processo que vai para além da experiência do prazer e que engloba um nível de consciência elevado ou discernimento reflexivo ao nível individual [...]".

Dessa forma, o *savoring* pode ser considerado uma forma cognitiva de regular emoções, utilizada para manter e prolongar as experiências emocionais positivas.

Para clarificar o conceito de *savoring*, importa distingui-lo, de forma breve, de dois conceitos próximos: prazer e fluição (*flow*). Relativamente ao prazer, Nakamura e Csikszentmihalyi (2002) referem que se pode experimentar prazer sem investir nenhuma energia psíquica, enquanto desfrutar (*savor*) só acontece em consequência de um investimento de atenção.

É impossível desfrutar de uma experiência se a atenção não estiver totalmente concentrada nessa atividade. No que diz respeito à experiência de fluxo (*flow*), Csikszentmihalyi (2002) descreve-a:

> [...] como a sensação de que as capacidades das pessoas se adequam aos desafios, num sistema de ação dirigido a um objetivo e regido por normas que fornecem pistas claras sobre o nosso nível de atuação. A concentração é tão intensa que não sobra atenção para pensamentos irrelevantes ou preocupações. Desaparece a consciência de nós próprios e a sensação de tempo fica distorcida.

Assim, comparada à experiência de desfrutar (*savoring*), a atividade de fluxo implica menos atenção consciente em relação à experiência.

No sentido de compreender melhor a estrutura deste modelo, passamos a apresentar as suas dimensões conceptuais e os pressupostos gerais que lhes estão subjacentes. É de salientar, ainda, que o modelo de *savoring* é exploratório, pelo que as suas bases empíricas são, por vezes, incipientes para sustentar algumas das suas ideias. Assim, aquelas que são sustentadas em estudos empíricos serão sempre referenciadas.

O modelo conceitual do *savoring* proposto por Bryant e Veroff (2007) equaciona três conceitos importantes: as **experiências de *savoring***, os **processos de *savoring*** e as **estratégias de *savoring***.

Em um nível mais amplo, as **experiências de *savoring*** representam a totalidade das sensações, percepções, pensamentos, comportamentos e emoções de um indivíduo quando está desperto e aprecia um estímulo, um resultado ou acontecimento, em conjunto com as características ambientais e situacionais que o envolvem. Num nível intermédio, **o processo de *savoring*** diz respeito a uma sequência de operações mentais ou físicas, que ocorrem ao longo do tempo e que transformam um estímulo positivo, resultado ou acontecimento, em sentimentos positivos, aos quais a pessoa dá atenção e dos quais desfruta. Em um nível mais micro, as **respostas ou estratégias de *savoring*** dizem respeito aos comportamentos ou pensamentos concretos que uma pessoa adota perante um estímulo ou experiência positiva, constituindo-se como componentes operacionais deste processo. Essas respostas cognitivas ou comportamentais moderam o impacto dos acontecimentos positivos nas emoções positivas.

Os autores acrescentam ainda a noção de capacidade para desfrutar (***savor***), ou seja, ser capaz de dar atenção, apreciar e promover experiências positivas.

Para além desses conceitos, os autores consideram que a ocorrência dos processos de *savoring* assentam três pressupostos fundamentais: a existência de uma atenção consciente e centrada na experiência, e não apenas a experiência hedônica do prazer ou as várias gratificações do ego; um sentido do imediato, de alguma coisa que acontece aqui e agora; a libertação das necessidades sociais e de estima (como motivações e preocupações maiores).

Os processos de *savoring*

No que diz respeito aos processos de *savoring*, Bryant e Veroff (2007) apontam que é necessária a existência de um tipo específico de consciência, identificada a partir das capacidades individuais, para recontar a experiência positiva que foi desfrutada.

Bryant e Veroff (2007) definiram quatro processos de *savoring*: agradecimento, admiração, deleitamento e encantamento. Essa definição tem por base o tipo de reflexão que uma pessoa faz sobre a experiência positiva: reflexão cognitiva e absorção experiencial. A estas associam-se dois tipos de experiências de *savoring*, respectivamente aquelas que envolvem a elaboração mental e aquelas que se centram no comportamento sem reflexão cognitiva. No entanto, qualquer que seja o tipo de experiência, o processo de *savoring* exige sempre uma metacognição relativa aos sentimentos positivos (Nelson, 1992, apud Bryant & Veroff, 2007).

Cruzando os tipos de processos de *savoring* com as duas formas de atenção relativas às experiências positivas, obtém-se o modelo de *savoring*.

Os processos de *savoring* que dizem respeito ao agradecimento (*thanksgiving*) e ao deleitamento (*basking*), envolvem principalmente a reflexão cognitiva. Os processos de admiração (*marveling*) e encantamento (*luxuriating*) envolvem a absorção experiencial. A atenção é centrada no *self* para o agradecimento e para a admiração e centrada no mundo para o deleitamento (*basking*) e para o encantamento (*luxuriating*). Associada a esta classificação, estão quatro estados emocionais positivos (gratidão, surpresa, orgulho e prazer físico).

Por último, os quatros processos de *savoring* diferem na facilidade com que permanecem ao longo do tempo. Dessa forma, é mais fácil prolongar a reflexão cognitiva do que a absorção experiencial, devido à habituação física. O tempo em que ocorre a experiência afetiva em relação aos estímulos positivos também varia ao longo dos quatro processos de *savoring*. A admiração e o encantamento (*luxuriating*) estão centrados no presente e nos estímulos positivos ou no momento da ocorrência de um acontecimento. Enquanto o agradecimento e o deleitamento (*basking*) ocorrem depois de um acontecimento positivo.

A normose do estresse

Para concluir este tema, quero chamar a atenção para a aceitação do estresse como parte da vida atual e das demandas diárias.

No livro *A Sociedade do Cansaço*, do filósofo sul-coreano Byung-Chul Han, publicado em 2010, é apresentada uma interessante e muito apropriada discussão sobre as transformações sociais e psicológicas na era contemporânea, caracterizada por uma crescente sensação de cansaço e exaustão. O autor aborda a substituição da "sociedade disciplinar", descrita por Foucault, pela "sociedade do desempenho", ou seja, a produtividade, a alta performance e excelência geram uma corrida desenfreada pelo sucesso nas carreiras, que facilmente leva ao esgotamento. Na sociedade do cansaço, o trabalhador é valorizado e estimulado ao desempenho máximo. Nessa perspectiva, o estresse é visto e vivido como parte da caminhada, e, em alguns casos, premiado e entendido como resultado da dedicação e do esforço. Este cenário revela, assim, uma certa "premiação" ao estresse, que, sendo aceito como "normal", levará certamente ao esgotamento.

Outro aspecto apontado pelo autor é o neoliberalismo, que reconhece o trabalhador como principal responsável pelo seu sucesso profissional, assim como pelo seu bem-estar e saúde. Vejo que neste cenário poderia haver duas situações: uma em que o sujeito intensifica sua condição de autocontrole, podendo tornar isso favorável à sua saúde mental na medida em que estabelece seus limite e os respeita, mas também desfavorável, caso estimule a competição e busque por cada vez mais performance. No entanto, a cultura vigente não permite espaço para que este limite seja reconhecido. Diferentemente disso, há um forte estímulo e incentivo ao hiperativismo e à sobrecarga de informações, favorecendo a aceleração e o esgotamento.

Portanto, a realidade atual, configurada com base no desempenho, no sucesso profissional e nos resultados, orienta para que o estresse seja aceito e entendido como o preço que se paga para o êxito. Assim, o estresse passa a ser "uma boa notícia", na medida em que se apresenta como um indicador do tão desejado ápice profissional.

Na sociedade do cansaço, o bem-estar não tem espaço, o estresse é normal e a saúde mental é deixada de lado. Todos perdem — perdem as pessoas, perdem as empresas, perde a sociedade!

9

A percepção do risco - os fenômenos perceptivos e a homeostase do risco

> *"A totalidade não é igual à soma das partes.*
> (Wundt)

Antes de tudo é preciso que se tenha noções básicas sobre como se dá o processo perceptivo. Locke (1689) foi um dos mais famosos estudiosos no campo na percepção sensorial, e entendeu, assim como Aristóteles, que as percepções se dão a partir do que já vivemos e das experiências que tivemos, formando, assim, nossa noção de realidade. Dessa forma, a percepção ocorre não apenas de forma passiva ou através de associações livres, mas adquirindo sentido e significado por meio da reflexão e da abstração, criando uma experiência completa. Do mesmo modo, Kant (1781) entendeu que todo objeto percebido buscaria algum significado e sentido, formando uma organização de elementos que resultaria em um algo coerente.

Em outras palavras, podemos entender também que a percepção nada mais é do que um processo de estímulos sensoriais que se organizam em sinais neurais, sendo interpretados em informações e significados. Assim, primeiro ocorre a sensação (captação do estímulo) e depois a percepção (processamento do estímulo em informação). A fórmula mais simples apresenta-se desta maneira:

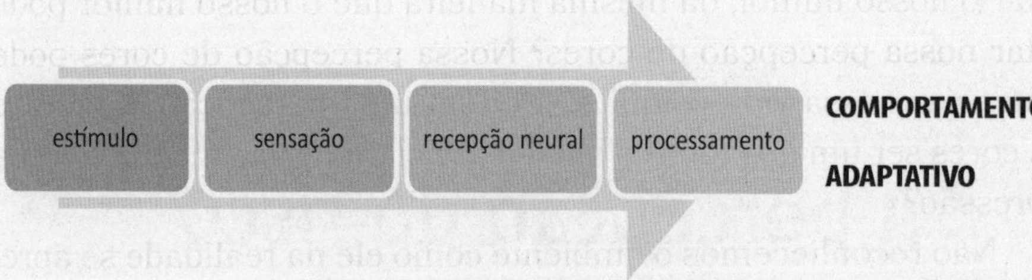

Fonte. Elaborado pela autora

Para que a sensação ocorra, é necessário que haja uma energia mínima deste estímulo para que ocorra o processamento. Devemos ainda considerar o estado emocional, as condições de saúde, experiências anteriores, expectativas que irão influenciar diretamente neste processo perceptivo. A isso chamamos de *Limiar Absoluto,* ou seja, a condição mínima necessária para que um estímulo seja percebido e desencadeie algum tipo de mudança comportamental. Outro aspecto a considerar diz respeito ao limiar diferencial, ou seja, o quanto as pessoas podem distinguir entre dois estímulos. Exemplo: a maioria das pessoas não consegue distinguir entre a ponta de um ou de dois dedos repousados sobre suas costas (tato), ou a presença de outro instrumento que foi acrescido a uma orquestra (audição).

Outro aspecto a observar refere-se à *adaptação sensorial* que ocorre com o passar do tempo diante de um mesmo estímulo permanente e que não se modifica. Este tende a desaparecer de nossa sensação, visto que perde energia reduzindo as mensagens neurais e, por consequência, o processamento perceptivo. Um exemplo deste fenômeno:

Em dias nublados, a luz é filtrada pelas nuvens e o contraste diminui, mesmo que a intensidade se mantenha ou seja ampliada, o vermelho parece menos vermelho, o verde parece menos verde, o azul parece mais azul e assim por diante. Já com pessoas deprimidas verifica-se uma percepção de contraste de cores diminuída. Em um dia ensolarado, uma pessoa clinicamente deprimida poderá ter uma percepção de cor diferente de uma pessoa saudável. Dessa forma, podemos dizer que a maneira como percebemos as cores pode afetar o nosso humor, da mesma maneira que o nosso humor pode afetar nossa percepção de cores? Nossa percepção de cores pode influenciar nossa vida psíquica? Poderá uma percepção deficiente das cores ser um dos fatores que influenciam o surgimento de uma depressão?

Não reconhecemos o ambiente como ele na realidade se apresenta, mas como somos capazes de reconhecê-lo, partindo de nosso padrão mental, nossos conceitos, valores e cultura. Quero dizer com isso que essa percepção da realidade dependerá de registros que já acumulamos; é nossa carga emocional e cognitiva que dá sentido e significado ao que nos rodeia.

O que você vê primeiro ao olhar para essa imagem? E a pessoa ao seu lado, o que vê?

Cultura, valores e circunstâncias

Para compreender as diferenças na percepção, devemos considerar as variações de fenótipo (a pessoa aqui e agora) que envolvem diferenças biológicas, na capacidade sensorial e cerebral, na idade e na experiência, assim como no contexto geográfico e cultural de cada indivíduo. Isso tudo torna cada indivíduo singular em suas habilidades específicas, seus motivos, seus valores e seus traços, constituindo, assim, sua personalidade. A experiência com um objeto também leva a mudanças significativas na maneira pela qual é percebida: seu reconhecimento se torna mais fácil, o objeto é organizado perceptivamente de maneira diferente, aparecem novas propriedades atreladas a ele. Na realidade, nossas capacidades sensoriais, capacidades para descobrir estímulos e distingui-los uns dos outros pode ser aperfeiçoada com a prática. As mudanças na percepção são aspectos essenciais no processo da aprendizagem. Do mesmo modo, a forma como percebemos um objetivo depende de nossas motivações, nosso estado emocional, nossos conhecimentos e até mesmo de nossas condições físicas. Isso tudo influencia a sensibilidade para receber o objeto, assim como suas propriedades percebidas.

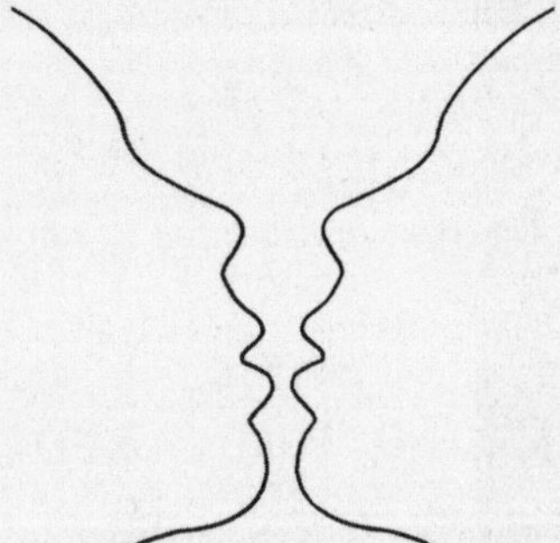

Dependendo da motivação afetiva, por exemplo, as imagens percebidas podem ter representações diferentes (um cálice ou duas pessoas frente a frente..., preparando-se para um beijo, se encarando, refletindo...).

Para compreender a influência da motivação na percepção, podemos ter como exemplo o caso do alimento: ele é percebido mais rapidamente pelo faminto do que pelo saciado e, além disso, parece também mais apetitoso ao faminto; uma mulher pode ser percebida pelo homem de uma determinada maneira antes do ato sexual e de outra, bem diferente, depois disso. Já as influências fisiológicas nas percepções podem ser ilustradas, por exemplo, em estados excepcionais associados à doença, à gravidez, à menstruação etc. Na mulher grávida, por exemplo, a capacidade para perceber os aromas é diferente. Nesse aspecto, devemos considerar o uso de drogas e álcool, gerando alterações bastante significativas no processo de interpretação da percepção. A maconha, por exemplo, pode fazer com que o sentido do tempo fique deformado, assim como o alcoolismo agudo e crônico pode ser acompanhado por períodos de alucinação, em que ocorrem experiências perceptuais assustadoras, tais como ver animais subindo as paredes ou ver a casa sendo invadida.

Nossas necessidades também se tornam determinantes no processo de percepção. Muitos experimentos mostram que nossa necessidade nos predispõe a perceber o que queremos. Por exemplo, um indivíduo com fome que vê uma imagem pouco definida pode percebê-la como sendo um alimento, assim como uma pessoa carente e solitária pode compreender a fala pouco clara de um terceiro como sendo um convite para sair.

Já o estado emocional interfere na percepção, influenciando o pensamento e o significado do objeto percebido. Um bom exemplo disso é notado quando vemos o rosto de alguém parecido com quem não gostamos, e, imediatamente já sentimos uma certa antipatia pela imagem percebida.

A percepção de uma pessoa está diretamente associada a seus conceitos morais, seus valores éticos e culturais e até mesmo religiosos, que definirão fortemente sua forma de perceber a realidade que a cerca. Por exemplo, se mostrar uma foto de uma mulher ocidental na praia de biquíni para um senhor de idade avançada, árabe de orientação muçulmana, sua reação provavelmente será de reprovação. Assim como se servir à mesa um prato de gafanhotos fritos para um jovem ocidental, sua reação certamente não será de salivar e querer devorar essas iguarias. Apenas com algumas palavras já podemos observar os valores do indivíduo. Por exemplo, a palavra "sagrado" era mais rapidamente reconhecida por pessoas que apresentavam elevado valor religioso do que por pessoas com outros valores predominantes.

Portanto, existem comprovadamente predisposições perceptuais determinadas pelos valores, crenças, desejo ou necessidade do indivíduo que irão variar quanto a saliência, especificidade, duração, relação com outras predisposições.

Algumas predisposições dominam inteiramente a consciência do percebedor. Se alguém está insistentemente em busca de uma chave perdida numa gaveta em desordem, tem uma saliente predisposição para ver a chave entre as coisas esparsas da gaveta. Outras predisposições são menos salientes. Ao procurar a chave, a pessoa pode encontrar imediatamente uma caneta que procurava há muitos dias, embora possa não observar outros objetos. Nesse caso, a predisposição para a chave era a mais saliente, a predisposição para a caneta, a menos saliente, e não existia predisposição para outros objetos.

As predisposições diferem também quanto à sua duração. Algumas são extremamente rápidas e outras mais duradouras. A mãe, por exemplo, está predisposta durante 24 horas por dia, para ouvir o choro de seu nenê, e pode ouvi-lo mesmo quando em meio a outros ruídos ou quando outras pessoas não conseguem ouvi-lo.

Na atual neurociência, encontramos a contribuição de Weber e Fechner (1834) que apontam quatro atributos básicos de um estímulo: *modalidade, intensidade, tempo* e *localização*. Eles dizem respeito às diferentes localidades e consequentes mudanças de conceitos existentes. Por exemplo, uma pessoa que vive em um país nórdico, que brinca com a neve, facilmente reconheceria as diferenças entre chuva gelada e neve, o que para uma criança de país tropical talvez fosse uma dificuldade. Quanto maior a quantidade de estímulos referentes a um mesmo objetivo, maior a energia e a possibilidade de uma experiência perceptiva mais completa. Assim, se olharmos uma árvore caindo através da televisão e sem som, teremos uma experiência meramente visual, mas se estivermos presenciando a queda da árvore ao vivo, teremos a experiência visual, olfativa, auditiva, do tato, e ainda cenestésica (trata-se do sentido causado internamente em decorrência de um estímulo externo). Quando isso ocorre, a possibilidade desta percepção ser ainda mais rica e intensa aumenta, visto que a experiência adquire maior significado e sentido.

Digamos que, enquanto a sensação oferece à pessoa o fundamental da realidade, na percepção esse fundamental se organiza de acordo com estruturas específicas, conferindo originalidade pessoal à realidade apreendida. A partir da percepção que se transforma na realidade consciente, o sujeito passa a oferecer às suas sensações um determinado fundo pessoal sobre o qual se assentarão as demais futuras sensações. Dessa forma, o objeto sensível está sempre se relacionando com esse fundo perceptivo individual e existirá sempre uma apreciável diferença subjetiva entre o objeto em si e o fundo pessoal sobre o qual ele se faz representar.

Assim, a sensação se dá por meio dos cinco sentidos já conhecidos, porém pode sofrer alterações com base em dois aspectos distintos: a base fisiológica e especificamente orgânica, e que depende da integridade do sistema sensorial e suas vias neurológicas, e uma segunda, que diz respeito à condição psíquica compreendida pelos elementos emocionais estabelecidos pela consciência de sua realidade.

As alterações na intensidade das sensações referem-se ao aumento e à diminuição do número e da intensidade dos estímulos procedentes dos diversos campos da sensibilidade.

1. *Hiperestesia sensorial* é o aumento da intensidade das sensações. É identificada por meio do aumento da ansiedade, maior excitabilidade da sensibilidade fisiológica e aceleração do ritmo dos processos psíquicos, podendo levar ao estresse e esgotamento.
2. *Hipoestesia sensorial* é a diminuição da sensibilidade. Pode ser percebida pela diminuição da sensibilidade aos estímulos sensoriais, elevação da sensibilidade fisiológica e lentidão dos processos psíquicos. Em casos mais graves, pode levar à depressão.

3. *Anestesia* se refere a ausência de todas as formas de sensibilidade.
4. *Agnosia* ocorre nos casos onde estão conservadas a integridade das vias nervosas aferentes e existem lesões corticais na vizinhança da área de projeção, nas chamadas áreas parassensoriais, mantém-se a integridade das sensações elementares, porém, há alteração do ato perceptivo.

Alterações na percepção

Segundo Bleuler, as *ilusões* são percepções reais falsificadas e estudadas sob o título *engano dos sentidos*. Trata-se, na realidade, da interpretação distorcida de um objeto real, uma falsificação da percepção de um objeto que, de fato, existe. É uma percepção enganosa de um objeto real.

Quando as distorções acontecem nossos sentidos são simplesmente enganados por alguma variável circunstancial (iluminação, distância, efeitos ópticos etc.) ou se deixam enganar por alguma emoção. É o caso, por exemplo, de um ruído qualquer que confundimos com passos de alguém se aproximando inesperadamente, ou um grito de terror ou um tiro perdido. Tais percepções se contaminam de medo, de necessidade de proteção, de saudades ou outro tipo de emoção. Mas por si só a *ilusão* não constitui um estado mórbido, ou de insanidade mental, mas pode, sim, apontar um estado emocional mais ou menos intenso, desde pequenas oscilações do normal até situações patológicas. Os enganos da ilusão podem afetar os cincos sentidos.

Já no caso da *alucinação*, esta é compreendida como sendo a percepção real de um objeto inexistente, ou seja, são percepções sem um estímulo externo. Dizemos que a percepção é real, tendo em vista a convicção inabalável que a pessoa manifesta em relação ao objeto alucinado, portanto, será real para a pessoa que está alucinando.

As *alucinações* podem ocorrer através de qualquer um dos cinco sentidos, sendo as mais frequentes as auditivas e visuais. O fenômeno *alucinatório* tem conotação muito mais mórbida que a ilusão, sendo normalmente associado a estados psicóticos que ultrapassam a simplicidade de um engano dos sentidos. Em casos de drogadição ou uso de álcool, as alucinações podem ocorrer como sintoma durante o processo de desintoxicação. A alucinação nada mais é do que um indicador de desestruturação do campo da consciência e do próprio ser consciente, cujas necessidades subjetivas superam a realidade objetiva.

O fenômeno alucinatório, sem nenhuma sombra de dúvida, é um acontecimento extremamente mórbido, doentio, patológico, alienante e causador de grande sofrimento, tanto para quem alucina quanto para aqueles que com ele convivem.

Portanto, como vimos em termos de percepção da realidade, deve ser evidente o envolvimento das estruturas neurológicas necessárias, primeiramente à sensação e, em seguida, à integração e organização destas impressões apreendidas da realidade objetiva. Isso tudo se faz no sentido de favorecer a construção do conhecimento do mundo e do próprio indivíduo. Essa função totalizadora e integradora das sensações que formam e constroem a percepção individual da realidade envolve mecanismos subjetivos muito além da objetividade neurofisiológica da sensação.

- *Ansiedade adaptativa*: sua função é nos preparar para enfrentar um perigo ou uma situação ameaçadora real.
- *Ansiedade patológica*: surge em face de ameaças imaginárias ou supervalorizadas, quase sempre mal definidas.

Recebemos uma multiplicidade de informações constantemente, o que significa que não iremos absorver tudo e que, portanto, algum filtro será aplicado para selecionar o que será assimilado e retido, ou seja, esta seleção será de acordo com critérios subjetivos, objetivos, conscientes e inconscientes.

A percepção seletiva nos faz ver, escutar ou focar a nossa atenção em um determinado estímulo em função das nossas expectativas, sem ter em conta as informações restantes. É uma interpretação tendenciosa e parcial da realidade influenciada por nossos valores e nossas demandas emocionais, que formam filtros para a assimilação dos estímulos, gerando, assim, distorções que resultam na realidade desejada.

- *Exposição seletiva*: só vemos e escutamos que nos agrada.
- *Atenção seletiva*: nos faz focar naquilo que nos interessa, descartando o resto da informação.
- *Defesa perceptual*: apagamos do nosso campo seletivo aqueles elementos que nos ameaçam.

Esses fenômenos perceptivos podem acarretar mais segurança ou mais riscos, em mais acidentes ou menos acidentes. Temos então um dos pilares da prevenção que merece uma cuidadosa investigação por parte do avaliador.

Homeostasia ou homeostase do risco

"A mente é um lugar próprio, e dentro de si mesma pode transformar em céu um inferno, em inferno um céu." (John Milton, em Paraíso Perdido)

A homeostase se refere à propriedade de um sistema aberto de seres vivos de regular o seu ambiente interno para manter uma condição estável, mediante múltiplos ajustes de equilíbrio dinâmico controlados por mecanismos de regulação interrelacionados.

O uso mais frequente do termo refere-se à homeostase biológica. A sobrevivência de organismos vivos requer um meio interno homeostático; muitos ambientalistas acreditam que este princípio também se aplica ao meio externo. Um grande número de sistemas ecológicos, biológicos e sociais são homeostáticos, mantêm o equilíbrio contrariando qualquer mudança, e caso não sejam bem sucedidos em repor o equilíbrio, isso pode conduzir à interrupção do funcionamento do sistema.

Sistemas complexos, como o corpo humano, precisam de homeostase para manter a estabilidade e sobreviver. Mais do que apenas sobreviver, estes sistemas devem ter a capacidade de se adaptar ao seu ambiente externo e interno.

Propriedades da homeostase

Os sistemas homeostáticos exibem certas propriedades:

- são extremamente estáveis;
- toda a sua organização (interna, estrutural e funcional) contribui para a manutenção do equilíbrio;
- são imprevisíveis (o resultado de uma determinada ação pode mesmo ser o oposto do esperado).

Seguem-se alguns dos mais importantes exemplos de homeostase em mamíferos:

- regulação da quantidade de água e minerais no corpo, conhecida como osmorregulação. Tem lugar principalmente nos rins;
- remoção de resíduos metabólicos, conhecida como excreção. Tem lugar em órgãos excretores como os rins e os pulmões;
- regulação da temperatura corporal, realizada principalmente pela pele e pela circulação sanguínea.

Outras áreas

O termo começa a ser usado em outras áreas além das ciências biológicas.

As companhias de seguros podem falar de *homeostase de risco*, quando, por exemplo, condutores com ABS apresentam uma sinistralidade semelhante aos condutores sem ABS, porque, inconscientemente, compensam o veículo mais seguro com hábitos de condução menos seguros.

Sociólogos e psicólogos referem a *homeostase de stress* a tendência de uma população ou de um indivíduo para manter um certo nível de stress, frequentemente criando stress artificial se o nível "natural" de stress não for suficiente.

Em qualidade, podemos dizer que homeostase, uma das propriedades fundamentais dos sistemas, é a propriedade que os sistemas apresentam de autorregularem o seu nível de desempenho em torno de um ponto ótimo, quando livre de interferências externas. Sua utilidade para o gerenciamento dos processos industriais consiste no tratamento das manifestações mensuráveis da homeostase, baseando-se na teoria da variação, formulada por Shewhart (1931).

Mas qual a relação disso com segurança no trabalho?

Homeostase de risco

A homeostase de risco é uma hipótese sobre risco, desenvolvida por Gerald Wilde, professor emérito de Psicologia na Universidade de Queen, Kingston, Ontário, Canadá. Esta hipótese sustenta que todo mundo tem o seu próprio nível fixo de risco aceitável. Quando este nível de risco varia, haverá um correspondente aumento ou redução do risco em outros lugares para fazer com que o risco volte ao equilíbrio. Wilde argumenta que isto é válido mesmo para os modelos sociais em grande escala. Por exemplo, imaginemos que queremos reduzir o número de acidentes de trânsito. Se alguém sugere programar nos carros o sistema de freios ABS, provavelmente pensaremos que é uma boa ideia para evitar acidentes. Mas um experimento demonstrou que acontece justamente o contrário.

Foi o chamado *Experimento do taxista de Munique*, realizado no final de 1980. A metade da frota de uma companhia de táxis de Munique foi equipada com o novo sistema de freios ABS, a outra metade não. Os pesquisadores descobriram que a maioria dos táxis envolvidos em acidentes era justamente dos carros equipados com ABS.

Para verificar o que ocorria, instalaram um tipo de caixa preta nos táxis, que registrava toda a informação da condução. Os taxistas também podiam ter a companhia de observadores que registravam sua conduta; mas os taxistas não sabiam quem era observador e quem não era, e os observadores não sabiam também se o táxi tinha ABS.

Todos os dados sugeriam o mesmo: os motoristas mudaram rapidamente sua forma de conduzir pela presença do ABS e essa mudança acabava por completo com os benefícios proporcionados pelo novo sistema de freios. Uma vez que descobriram que a distância efetiva de freada era mais curta, começaram a conduzir colados no carro da frente, fazer mudanças de pistas mais bruscas, a conduzir mais rápido e, em geral, a ser menos cuidadosos. O novo "equipamento de segurança", longe de tornar os carros mais seguros, em realidade fez com que se tornassem mais perigosos, simplesmente porque sua presença mudava o comportamento dos motoristas ao volante.

Em um sistema tão complexo como a sociedade em seu conjunto, a relação causa efeito se dilui, de modo que é difícil averiguar que medidas são as apropriadas para atalhar um problema ou se realmente o problema foi atalhado por essas medidas ou por outras das quais não somos conscientes.

Por exemplo, imaginem que queremos solucionar o problema de engarrafamentos nas avenidas de acesso a uma grande cidade. A lógica impõe que só há que construir mais estradas e *voilá*: problema solucionado. No entanto, sempre que constroem (ou alargam) novas vias, o trânsito cresce em pouco tempo (as pessoas, ao descobrirem que está mais fácil circular, simplesmente começam a usar mais o carro).

No mesmo sentido, parece que o apoio ao transporte público seja a panaceia aos engarrafamentos das vias públicas. No entanto, não é exatamente assim. Mais transporte público eficiente e barato, menor número de carros nas ruas... Mas em pouco tempo as pessoas percebem que, tendo menos carros nas ruas, aumenta-se a comodidade à hora de circular, atravessa-se a cidade mais rápido, gastando menos combustível e, finalmente, ir de carro é sempre melhor que ir de transporte público. Assim, logo as vias voltam ao estado de engarrafamento anterior ou, inclusive, pior.

Algo parecido pode ser dito em relação aos países que conduzem pela esquerda. Pensamos que se obrigarmos esses países a conduzir pela direita haverá toda classe de acidentes até que se acostumem. No entanto, o efeito é justamente o contrário: reduz-se consideravelmente o número de acidentes porque as pessoas passam a dirigir com mais medo e precaução (até que se acostumam à nova forma de condução).

Portanto, podemos afirmar que diante de algo ameaçador buscaremos uma forma de nos adaptar e encontrar condições de ajuste para seguir com nossas necessidades atendidas.

Quando um indivíduo inicia um trabalho perigoso, sua tendência será a de ficar atento aos riscos, mas também buscará adaptar-se e ajustar-se às demandas com o intuito de construir até mesmo um certo conforto neste novo ambiente.

Diante disso, acontece a homeostase. O sujeito se acostuma aos riscos diários até chegar ao ponto de banalizá-los e perder a atenção devida. Esse fenômeno pode ser entendido como um "piloto automático". O trabalhador se acomoda, criando a ilusão de já ter dominado os riscos existentes e perde o medo. A perda do medo e a crença de que já dominou os riscos geram a homeostase do risco, diminuindo a atenção aos riscos, a perda da percepção e abrindo espaço para um acidente.

Sendo assim, podemos interrelacionar os conceitos entre medo x percepção x homeostase, compreendendo que o medo será um importante gatilho para prevenir a apatia da homeostase, permitindo que o processo perceptivo siga seu fluxo, gerando a mudança de comportamento necessária à formação de uma ação adaptativa e segura.

Fonte:
https://f.i.uol.com.br/fotografia/2023/08/05/169126521264cea8bcae37e_1691265212_3x2_lg.jpg

10

As estratégias de *coping* ou estratégias de enfrentamento

> *Sonhar o sonho impossível. Sofrer a angústia implacável. Pisar onde os bravos não ousam. Reparar o mal irreparável. Amar um amor casto à distância. Enfrentar o inimigo invencível. Tentar quando as forças se esvaem. Alcançar a estrela inatingível. Essa é a minha busca...*
> (Musical "O homem de La Mancha")

Lidar com a possibilidade de situações de emergência acontecerem a qualquer tempo, requer preparo emocional. Para ter acesso aos conhecimentos já acumulados em momentos de adversidade, sem bloqueios ou o tradicional "me deu um branco", também requer preparo emocional. Ter controle emocional para pensar em soluções diante de situações drásticas igualmente pede por preparo emocional. Caso contrário, o pânico ou a apatia podem nos levar à impossibilidade de ter a conduta mais adequada em momentos cruciais. Para entender os processos de preparo emocional, encontramos as estratégias de *coping*, que explicam como isso acontece.

O conceito de *coping* tem sido descrito como o conjunto das estratégias utilizadas pelas pessoas para adaptarem-se a circunstâncias adversas ou estressantes. Essas reações são definidas pelo temperamento do indivíduo que, segundo os estudos de Lara (2012), dependem da condição emocional, perceptiva, cognitiva e de aspectos biológicos, e, embora tenha uma natureza estável, podem sofrer influências do meio.

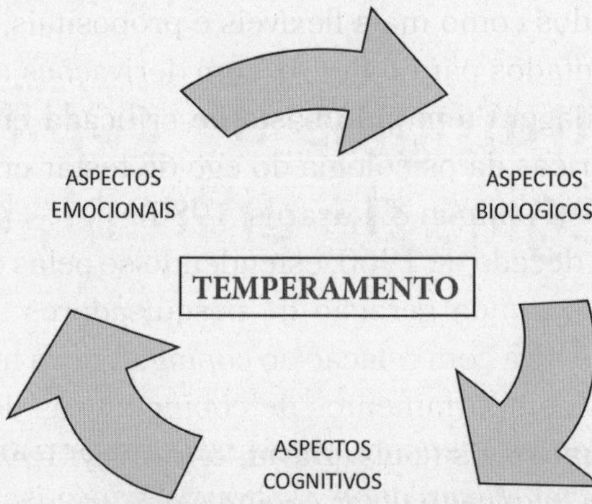

Fonte. Elaborado pela autora

Historicamente, três gerações de pesquisadores têm-se dedicado ao estudo do *coping*. Diferenças marcantes podem ser observadas em suas construções, tanto em nível teórico quanto metodológico, decorrentes de suas filiações epistemológicas (Suls, David, & Harvey, 1996). Desde o início do século, pesquisadores vinculados à psicologia do ego têm concebido o *coping* como correlato aos mecanismos de defesa, motivado interna e inconscientemente como forma de lidar com conflitos sexuais e agressivos (Vaillant, 1994). Eventos externos e ambientais, posteriormente incluídos como possíveis desencadeadores dos processos de *coping*, foram, a exemplo dos mecanismos de defesa, categorizados hierarquicamente no sentido dos mais imaturos aos mais sofisticados e adaptativos (Tapp, 1985). Assim, para esta primeira geração de pesquisadores, o estilo de *coping* utilizado pelos indivíduos era concebido como estável, numa hierarquia de saúde versus psicopatologia. A partir desta perspectiva inicial, algumas distinções foram sendo feitas no sentido de diferenciar os mecanismos de defesa do *coping* propriamente dito. A principal modificação feita neste sentido consistiu na distinção entre os comportamentos associados aos mecanismos de defesa, classificados como rígidos, inadequados com relação à realidade externa, originários de questões do passado e derivados de elementos inconscientes. Já os comportamentos associados ao *coping* foram classificados como mais flexíveis e propositais, adequados à realidade e orientados para o futuro, com derivações conscientes.

Essa abordagem tem sido bastante criticada em função das dificuldades teóricas da psicologia do ego de testar empiricamente suas concepções (Folkman & Lazarus, 1980).

A partir da década de 1960, estendendo-se pelas duas décadas seguintes, uma segunda geração de pesquisadores apontou para uma nova perspectiva com relação ao *coping*. A nova tendência buscou enfatizar os comportamentos de *coping* e seus determinantes cognitivos e situacionais (Suls, David, & Harvey, 1996). Pesquisadores passaram a conceitualizar *coping* como um processo transacional entre a pessoa e o ambiente, com ênfase no processo, tanto quanto em traços de personalidade (Folkman & Lazarus, 1985). Essa época foi marcada por importantes avanços na área, que geraram inúmeras publicações, em especial pelo grupo de Lazarus e Folkman (Folkman & Lazarus, 1980, 1985; Lazarus & Folkman, 1984). Mais recentemente, uma terceira geração de pesquisadores têm-se voltado para o estudo das convergências entre *coping* e personalidade. Essa tendência tem sido motivada, em parte, pelo corpo cumulativo de evidências que indicam que fatores situacionais não são capazes de explicar toda a variação nas estratégias de *coping* utilizadas pelos indivíduos. Por outro lado, o interesse despertado pela credibilidade científica dos estudos sobre traços de personalidade, em especial o modelo dos Cinco Grandes Fatores, têm ampliado os estudos nessa direção (Holahan & Moos, 1985; Costa & McCrae, 1986; O'Brien & DeLongis, 1996; Watson & Hubbard, 1996). Os traços de personalidade mais amplamente estudados, que se relacionam às estratégias de *coping*, são otimismo, rigidez, autoestima e *lócus* de controle (Carver & Scheier, 1994; Carver, Scheier, & Weintraub, 1989; Compas, Banez, Malcarne, & Worsham, 1991; Lopez & Little, 1996; Parkes, 1984).

Muitos dos artigos publicados sobre *coping* referem-se à construção de instrumentos de medida. Embora muitos anos de desenvolvimento teórico e pesquisa tenham se passado, e uma grande variedade de inventários e checklists tenham sido desenvolvidos (por exemplo, Amirkhan, 1990; Carver, Scheier, & Weintraub, 1989; Endler & Parcker, 1990; Folkman & Lazarus, 1980), não chegamos, ainda, a um entendimento compreensivo da estrutura do *coping*.

Modelos de *coping*

Numa perspectiva cognitivista, Folkman e Lazarus (1980) propõem um modelo que divide o *coping* em duas categorias funcionais: *coping* focalizado no problema e *coping* focalizado na emoção. Essa construção baseou-se em análises fatoriais que geraram dois fatores principais utilizados pelos pesquisadores para definir os dois tipos de estratégias de *coping*. Nessa perspectiva, *coping* é definido como um conjunto de esforços, cognitivos e comportamentais, utilizado pelos indivíduos com o objetivo de lidar com demandas específicas, internas ou externas, que surgem em situações de *stress* e são avaliadas como sobrecarregando ou excedendo seus recursos pessoais (Lazarus & Folkman, 1984). Essa definição implica que as estratégias de *coping* são ações deliberadas que podem ser aprendidas, usadas e descartadas. Portanto, mecanismos de defesa inconscientes e não intencionais, como negação, deslocamento e regressão, não podem ser considerados estratégias de *coping*. Além disso, somatização, dominação e competência são vistos como resultados dos esforços de *coping* e não como estratégias (Ryan-Wenger, 1992).

O modelo de Folkman e Lazarus (1980) envolve quatro conceitos principais: a) *coping* é um processo ou uma interação que se dá entre o indivíduo e o ambiente; b) sua função é de administração da situação estressora, em vez de seu controle ou domínio; c) os processos de *coping* pressupõem a noção de avaliação, ou seja, como o fenômeno é percebido, interpretado e cognitivamente representado na mente do indivíduo; d) o processo de *coping* constitui-se em uma mobilização de esforço, por meio da qual os indivíduos irão empreender esforços cognitivos e comportamentais para administrar (reduzir, minimizar ou tolerar) as demandas internas ou externas que surgem da sua interação com o ambiente.

Já para Moss e Billings (1982) as estratégias de coping podem ser organizadas em três diferentes áreas, de acordo com as tendências e escolhas do sujeito: Enfoque avaliativo, que significa avaliar e analisar as situações, procurando entender o problema em si; enfoque no problema, ou seja lidar com a realidade em si, buscando modificar ou alterar as fontes de estresse; e, por último, o enfoque emocional, que representa trabalhar com as emoções causadas pelo estresse e o desgaste emocional da situação.

Partindo das pesquisas realizadas acerca das estratégias desenvolvidas pelos sujeitos para lidar com as situações de estresse e sobrecarga, Folkman e Lazarus chegaram a um método para avaliação baseado em estatística de análise fatorial. Partindo disso, os autores chegaram a oito diferentes fatores, avaliando a extensão em que o sujeito utiliza estratégias de coping. São eles:

Fator 1 - *Confronto*: a forma como extravasa seus sentimentos e reações diante de situações de estresse.

Fator 2 - *Afastamento*: a tendência a recusar-se ou enfrentar a situação vivida.

Fator 3 - *Autocontrole*: trata da busca pelo controle de suas reações e emoções.

Fator 4 - *Suporte Social*: a busca pelo auxílio/apoio/orientação de terceiros.

Fator 5 - *Aceitação de responsabilidade*: a capacidade de tomar para si a responsabilidade pelos fatos de sua vida.

Fator 6 - *Fuga-esquiva*: avalia a tendência em negar a realidade ou fugir dos fatos ou de pensar em soluções e aprender.

Fator 7 - *Resolução de problemas*: aborda a capacidade de pensar em soluções, planejar e implementar ações práticas e resolutivas.

Fator 8 - *Reavaliação positiva*: mostra o tanto que o indivíduo absorve da situação vivida para rever conceitos e valores, amadurecendo emocionalmente e desenvolvendo sabedoria.

A sensibilidade para perceber e lidar com situações estressoras, assim como as estratégias de *coping* e a busca por mecanismos de controle, são componentes fundamentais para a adaptação e ajuste a ambientes e funções que representam algum tipo de dano à saúde mental ou risco à vida.

Indivíduos de temperamento instável tendem a ter alta sensibilidade e baixa capacidade de *coping*. Os mais rígidos afetivamente, e que, por temperamento, pouco expressam suas emoções manifestam o comportamento oposto: pouca sensibilidade e alta capacidade de *coping*.

O temperamento pode ser considerado a base do humor, do comportamento e da personalidade, e popularmente se refere ao jeito de ser de cada indivíduo não). Está relacionado à natureza emocional, perceptual e cognitiva, tem uma base biológica forte, é relativamente estável no decorrer do tempo, mas também sofre influências do meio (Cloninger et al., 1993; Rothbart et al., 2000).

Esse breve comentário acerca de temperamento, enfatizado por Lara (2012) nos revela o quanto as características temperamentais se fazem relevantes ao observar os comportamentos dos sujeitos que trabalham em funções de risco, e que, com certa frequência, precisam lidar com situações de grande pressão e estresse.

Para compreender as causas de alguns acidentes chamados comumente de "falha humana", podemos nos valer dos estudos de Lara (2012) sobre os tipos de temperamento dos brasileiros. Veremos como o temperamento pode ser gerador de reações que ajudariam a explicar alguns acidentes.

Nossa mente funciona como um sistema em que o temperamento se apresenta como uma função central e integradora de diversos elementos de humor, comportamento, cognição e valores. Dependerá da formação do temperamento a forma como o indivíduo irá manifestar o humor, suas percepções, suas ações e suas relações.

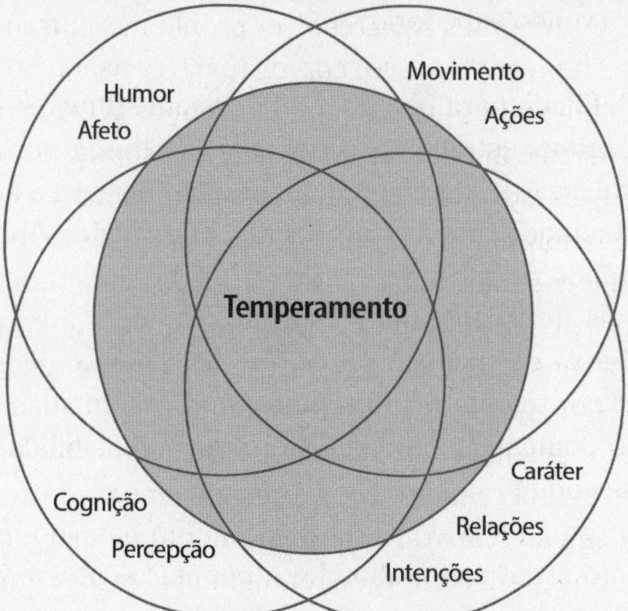

Fonte. Folkman & Lazarus

A estrutura funcional desse sistema parte de duas forças independentes: ativação ou inibição. Devemos considerar que a falta de ativação difere do excesso de inibição, e que o excesso de ativação é distinto de déficit de inibição.

O sistema conta com a capacidade de exercer sua autorregulação frente ao ambiente, monitorando e interpretando o contexto para sinalizar as mudanças necessárias na ativação e inibição adequadas. A essa função chamamos de *Controle*. O controle tem a capacidade de coletar e gerenciar a informação do ambiente para depois comunicar o que deve ser feito a partir de um *feedback*.

Por que alguns dizem se surpreender com suas reações, afirmando ter momentos de "branco" e não lembrar o que fazer? Ou ainda se surpreendem com reações de pânico ou desespero, que não seriam parte de seu padrão de comportamento já conhecido? Essas respostas podem estar na análise do temperamento e na relação entre sensibilidade, controle e *coping*.

Na interação com o ambiente o sistema tem um determinado grau de Sensibilidade que diz respeito a como o ele é abalado pela adversidade. Os recursos para resolver problemas enfrentados pelo sistema estão representados no *coping* (palavra usada no inglês por não haver no português um substantivo com essa exata conotação, relacionada psiquicamente à maturidade). O *coping* é responsável por *lidar* com as adversidades, que envolve abordar o problema, ser capaz de resolvê-lo e, de preferência, fazer o sistema evoluir de modo que se torne mais apto e forte para lidar com futuros problemas de natureza semelhante. Portanto, de uma maneira diferente do controle, a sensibilidade e o *coping* também processam informações advindas da interação com o ambiente.

Segundo pesquisas realizadas pela Dra. Eliane Fuscaldo (2012) sobre temperamento afetivo e emocional em usuários de cocaína, podemos comparar o temperamento afetivo e o temperamento emocional para compreender algumas reações em situações de adversidade. O *temperamento afetivo* é um conceito sintético e está intimamente relacionado ao humor ou padrão energético. Já o *temperamento emocional* tem como base dois eixos ortogonais dos opostos complementares de *ativação* (vontade, desejo e raiva) e *inibição* (medo e cautela), que são modulados pelo *controle*.

Segundo Fuscaldo (2012) Essas dimensões podem variar em intensidade (alta, moderada e baixa), de tal forma que suas diversas e mais comuns combinações geram 12 temperamentos afetivos, sendo que cinco já haviam sido propostos por Kraepelin e Akiskal (ciclotímico, hipertímico, irritável, ansioso ou evitativo e depressivo) e outros sete foram propostos por Lara et al (2008) (volátil, apático, eutímico, disfórico, desinibido, eufórico e obsessivo). As definições dos temperamentos afetivos são as seguintes:

- *Depressivo*: tenho tendência à tristeza e à melancolia; vejo pouca graça nas coisas; tendo a me desvalorizar; não gosto muito de mudanças; prefiro ouvir a falar.
- *Evitativo*: sou muito preocupado e cuidadoso; frequentemente me sinto inseguro e apreensivo; tenho medo de que coisas ruins aconteçam; tento evitar situações de risco; estou sempre alerta e vigilante.
- *Apático*: tenho pouca iniciativa; com frequência me desligo do que os outros estão dizendo ou fazendo; muitas vezes não concluo o que comecei; tendo à passividade e sou um pouco lento.
- *Ciclotímico*: meu humor é imprevisível e instável (altos e baixos), muda rapidamente ou de maneira desproporcional aos fatos; tenho fases de grande energia, entusiasmo e agilidade que se alternam com outras fases de lentidão, perda de interesse e desânimo.
- *Disfórico*: tenho uma forte tendência a me sentir agitado, tenso, ansioso.
- *Obsessivo*: sou exigente, dedicado, perfeccionista, detalhista e rígido; preciso ter o controle das coisas; não lido bem com incertezas e erros.
- *Eutímico*: meu humor é equilibrado e previsível, costuma mudar só quando há um motivo claro; tenho boa disposição e, em geral, me sinto bem comigo mesmo.
- *Hipertímico*: estou sempre de bom humor, sou muito confiante e me divirto facilmente; adoro novidades; faço várias coisas sem me cansar; vou atrás do que quero até conquistar; tenho forte tendência à liderança.

- *Irritável*: sou muito sincero, direto e determinado, mas também irritado, explosivo e desconfiado.
- *Desinibido*: sou inquieto, ativo, espontâneo e distraído; muitas vezes ajo de maneira precipitada e inconsequente; é muito comum eu deixar para fazer as coisas na última hora; quando me irrito, logo fico bem de novo.
- *Eufórico*: sou expansivo, rápido, falante e intenso; tenho muitas ideias e me distraio facilmente; sou imediatista, explosivo e impaciente; me exponho a riscos por excesso de confiança ou empolgação; exagero no que me dá prazer; não gosto de rotina e de regras.
- *Volátil*: sou dispersivo, inquieto, desligado e desorganizado; às vezes sou precipitado ou inconveniente e só me dou conta mais tarde; mudo de interesse rapidamente; tenho dificuldade em concluir tarefas e fazer o que deveria.

O estudo desse modelo foi operacionalizado com o desenvolvimento da escala AFECTS. De acordo com os resultados dessa escala, 99% dos indivíduos se identificam com no mínimo um dos temperamentos afetivos propostos. Tais dados sugerem que esses 12 tipos afetivos abrangem o estilo afetivo e de padrão de humor da maioria das pessoas, de forma prática e simples.

Esses estudos nos mostram a propensão ao uso de álcool, drogas ou ainda de formação de distúrbios mentais, sendo útil ao selecionar, avaliar ou promover pessoas para trabalhar em funções de risco.

11

Lócus de controle pela teoria da aprendizagem

> *O homem deve ser sujeito de sua educação.*
> *Não o objeto dela.*
> (Paulo Freire)

O lócus de controle é um construto vinculado à Teoria da Aprendizagem Social (Rotter, 1966), refere-se às expectativas de controle que os indivíduos mantêm sobre os acontecimentos da vida diária.

Os indivíduos cuja orientação do lócus é interna acreditam poder exercer algum controle sobre esses acontecimentos; indivíduos cuja orientação é externa atribuem o controle sobre esses acontecimentos aos fatos externos – pessoas, entidades, destino, acaso ou sorte (Rotter, 1966).

Rotter menciona que o grau em que um indivíduo crê que sua vida se encontra sob seu próprio controle ou sob o controle dos outros constitui uma dimensão importante da variabilidade individual. A pessoa que acredita ser responsável por seu destino possui lócus de controle interno, enquanto o indivíduo que crê que o bom e o ruim que lhe aconteça está determinado pelo acaso, pela sorte ou pelo poder dos demais, está orientado, fundamentalmente, por um lócus de controle externo (L.C.E.).

Controle é a habilidade percebida para alterar significativamente os eventos. Isso significa dizer que não é necessário que as pessoas exerçam realmente controle sobre os eventos relevantes, mas que percebam este controle. A percepção de controle é o principal determinante da resposta do sujeito (Burger, 1989).

Tudo que se passa em nossas vidas são de nossa inteira responsabilidade. Os bons e maus resultados que colhemos dependem das escolhas e decisões que tomamos. Assim trata a teoria do lócus de controle, que demonstra como age e que resultados apresentam as pessoas que agem com lócus interno ou com lócus externo. Esse conceito tem especial importância quando falamos de saúde mental e segurança, visto que dele depende as ações de prevenção que serão escolhidas por nosso avaliado, ou que serão negligenciadas.

Sujeitos com lócus externo irão terceirizar sua segurança, se eximindo de responsabilidade e deixando-a a cargo do seu supervisor, do técnico de segurança ou do RH. Agem de forma a se descomprometer com seu futuro, com sua saúde e sua segurança, abrindo possibilidades de acidentes ou de problemas de saúde devido à ausência de atenção e de cuidado.

Já aqueles que agem com lócus interno compreendem que sua segurança e sua saúde não podem ser terceirizados e assumem total responsabilidade por todos os aspectos que se referem à sua vida. Quando necessário, estabelecem limites, dizem "não" e se fazem respeitar por suas escolhas e pela atitude responsável que adotam diante de todos os aspectos de sua vida pessoal e profissional.

Dessa forma, o conceito de lócus de controle apresenta-se como teoria de aprendizagem social que entende o comportamento humano como adquirido por meio de experiências sociais e, através dessa aprendizagem, os indivíduos adquirem a percepção sobre os acontecimentos para explicar os motivos e o porquê dos fatos que ocorrem em suas vidas.

O lócus de controle é abordado como uma forma para explicar diferenças na personalidade, quanto às crenças que as pessoas possuem sobre a fonte de reforço, se ele advém do seu próprio comportamento ou de forças externas.

É possível que um indivíduo apresente internalidade em um domínio particular como, por exemplo, no trabalho, mas atribua aos fatores externos à qualidade da sua saúde. Em virtude dessa especificidade é desejável que a avaliação seja feita, também em termos específicos, particularmente, quando o objetivo envolve o delineamento de programas de intervenção e modificação do comportamento.

Aplicação da teoria e impacto no comportamento e no resultado

A psicologia do consumidor tem investigado a orientação de controle que os sujeitos têm, mostrando que os consumidores com orientação interna confiam em seu próprio conhecimento para avaliar novos produtos. Os consumidores com orientação externa dependem do conselho de pessoas externas para serem guiados na escolha de algum produto (Shiffman & Kanuk, 1977).

Através de várias investigações, alguns autores têm encontrado que possuir um lócus de controle interno (L.C.I.) tem relação com alguns aspectos positivos da personalidade do indivíduo. As pessoas com um L.C.I. inclinam-se a solucionar problemas para reduzir o estresse (Anderson, 1977); tratam de melhorar sua vida, são mais persistentes, têm elevado autoconceito e sensações de domínio do ambiente (Valderrama, Betancourt, & Vázquez, 1998); valorizam mais êxito e rechaçam mais o fracasso, quando os atribuem a si mesmos (Dela Coleta, 1990); têm maior necessidade de êxito (Andrade & Reyes, 1996).

Lefcourt (1991) e Rotter (1966) relatam que os indivíduos com L.C.I estão mais dependentes da informação relacionada com sua conduta futura; objetivam aumentar suas condições ambientais; atendem mais às habilidades e destrezas de êxitos, estão mais preocupados por seus fracassos ou erros; resistem mais às manipulações exteriores e têm aprendizagem mais intencional, alto grau de funcionamento acadêmico e atividades mais positivas de êxito. Ou seja, indivíduos com L.C.I. estão mais atentos diante dos aspectos de seu ambiente que lhes proporcionam informação relevante para sua conduta futura e fazem mais esforços para melhorar sua situação.

A internalidade está associada com maiores índices de adaptação, satisfação e envolvimento nas atividades do que a externalidade. Além disso, os indivíduos "internos" têm mais motivação para o êxito do que os externos (Sánchez,1990).

Um aspecto associado com o L.C.E que não se deve excluir é o processo de incapacidade aprendida, que se dá quando o sujeito identifica sua ausência de controle sobre certas situações cotidianas, atribui o controle a forças externas e apresenta depressão. Supõe-se que a maior falta de controle causa maior atribuição externa e, por conseguinte, maior depressão. Do mesmo modo, essa teoria postula que a expectativa de que uma consequência ou resposta seja independente do comportamento diminui a motivação para controlar a consequência. Isso interfere na aprendizagem da conduta que poderá controlar a consequência ou a resposta. E se a consequência é traumática, produz temor devido à percepção de falta de controle das consequências, o que, por sua vez, produz depressão (Seligman, 1977).

Os sujeitos controlados externamente têm mais problemas para criar relações adequadas. Uma vez que não acreditam que a informação interpessoal tenha um papel importante nas relações com os outros; veem a sorte, a oportunidade, o destino, a fatalidade e o poder de outros como determinantes em seus resultados. Nowicki, S., Jr., & DiGirolamo, A. (1989).

Robbins (1996) assinala que os indivíduos com inclinação de controle externo estão menos satisfeitos, faltam mais, se envolvem menos com seu trabalho, percebem-se com pouco controle sobre os resultados organizacionais importantes. Ademais, são mais condescendentes e dispostos a seguir instruções.

Assim, tudo relacionado com o L.C.E. tem efeitos sobre motivação, cognição e emoção. Impacta na motivação pelo retardo no início de respostas voluntárias e se revela na passividade, na lentidão intelectual e na inadequação das relações sociais. Na cognição, caracteriza-se pela dificuldade de aprender que as respostas produzem resultados, manifestando-se na incapacidade de perceber contingências entre resposta e reforço. O impacto na emoção é devido à aprendizagem de que as consequências são independentes do responder e apresenta-se na diminuição efetiva da agressão e da competência.

Segundo Triandis (1994), a internalidade foi obtida como uma cultura tipo individualista, onde tem maior sentido e aceitação social. Em segundo lugar, os estudos mostram que a externalidade constitui um núcleo de crenças sobre a lógica dos fenômenos que integra e sintetiza as relações de poder e a organização da sociedade em grupos de referência e pertença.

Para Triandis (1994), é possível que, nas culturas coletivistas, a externalidade sirva para construir um modelo sólido de atitudes para manter a união e a harmonia entre os grupos sociais. Em uma sociedade individualista, pelo contrário, isso é visto como um aspecto negativo, mesmo quando desconhecemos seu funcionamento em contextos coletivistas.

Tendo em vista essas características, buscou-se identificar características de lócus de controle de acordo com sua função e seu papel profissional. Para Rotter (1966), essa tendência manifesta-se nas expectativas individuais de alcançar resultados desejados no futuro e está relacionada ao comportamento, na medida em que os resultados são percebidos como relevantes para o sujeito e como prováveis de ocorrer.

12

Gestão do estresse no trabalho e a síndrome de *Burnout*

> *Qualquer um pode zangar-se – isso é fácil. Mas zangar-se com a pessoa certa, na medida certa, na hora certa, pelo motivo certo e da maneira certa – isso não é fácil.*
> (O Desafio de Aristóteles apud Goleman)

Para inserir este conceito na compreensão do impacto do risco psicossocial no trabalho, devemos antes definir que o estresse precisa ser compreendido quanto à vulnerabilidade que o indivíduo apresenta, ou quando já apresenta sintomas físicos e psicológicos. É preciso ainda considerar que, diante das demandas da vida moderna, nos acostumamos a certas doses de pressão e cobrança para nos sentirmos ativos diante das necessidades que surgem. Alguns verbalizam claramente que sem uma certa dose, sente-se apático e sem motivação. Outros já percebem seus limites e revelam não suportar mais, sob pena de adoecer ou perder em sua qualidade produtiva. Mas como saber qual o limite do suportável? Como saber qual o limite mínimo para que haja empenho e ânimo. Qual a medida saudável e produtiva que coloca o indivíduo em busca de seus objetivos, de melhores resultados e superação de desafios?

As causas da vulnerabilidade estão no indivíduo e não no ambiente, como pode parecer. O indivíduo pode vir a tornar-se vulnerável às cobranças, pressões e exigências de sua atividade diária; pode ser vulnerável à cultura da empresa, que apresenta um ambiente e uma forma de funcionar que exige além de suas capacidades adaptativas; ou pode ser vulnerável às rotinas e à infraestrutura disponível e que não estão adequadas às suas necessidades pessoais, para que possa produzir da forma que espera.

O que para alguns representa apenas um fator psicossocial, para outros se trata de risco psicossocial devido à forma como cada indivíduo responde às pressões da vida diária. Para alguns, nada mais é do que um simples estímulo a mais, um empurrão que impulsiona o movimento. Para outros, é sofrimento, e demasiado, e exige além de suas possibilidades. Essa questão é decisiva em uma avaliação de risco psicossocial: como o avaliado responde às pressões da vida diária? Com estímulo ou com sofrimento?

Observando esse movimento, precisamos saber em que nível o indivíduo se encontra. Já existem danos à saúde? Há comprometimento da qualidade do seu trabalho? Abala seus relacionamentos? Já está causando sintomas físicos e acarretando doenças?

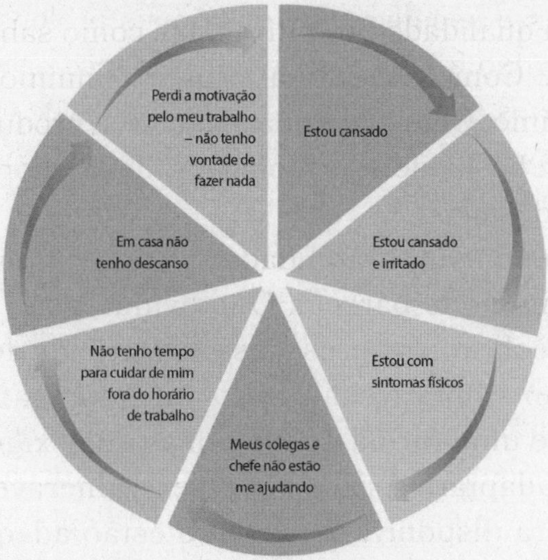

Fonte. Elaborado pela autora

Durante a formação de nossa história e de nossa personalidade, vamos construindo experiências que definem nossos conceitos, valores e crenças. Estabelecemos o que é importante para nós, o que precisamos para estarmos motivados, o que é tolerável e o que é intolerável. Estudos têm revelado que lidar com ambientes, grupos ou circunstâncias que se chocam com nossa escala de valores e confrontam nossas crenças e expectativas mais fundamentais geram grande desgaste emocional e psicológico, levando à perda de motivação e de qualidade produtiva. Na medida em que o indivíduo se esforça para continuar suportando e buscando meios de se adaptar, já se mostrando no limite de sua tolerância, sem conseguir êxito, observamos o começo da formação de um estresse importante.

Segundo Marilda Lipp, estresse é a reação do organismo com componentes psicológicos, físicos, mentais e hormonais que ocorre quando surge a necessidade de uma adaptação grande a um evento ou situação de importância. Este evento pode ser positivo ou negativo. Lipp compreende que o estresse positivo está em sua fase inicial, ou seja, quando o organismo ainda responde com ânimo, vitalidade e vigor, gerando maior produtividade, criatividade, ficando em alerta por períodos mais prolongados.

Já o estresse negativo mostra-se mais prolongado, excessivo levando o indivíduo a ultrapassar seus limites, esgotando seus recursos adaptativos, gerando danos a qualidades de vida, redução da produtividade, perda de energia, de imunidade e, consequentemente, causando adoecimento.

Segundo os estudos de Selye (1974), o estresse se revela em três fases: inicialmente, identifica-se o nível de *alerta*, ou seja, quando os primeiros sinais são emitidos, demonstrando que algo está em desequilíbrio e que o organismo está exposto a uma situação fora de seu padrão. Já na fase de *resistência*, o sujeito revela já ter superado o desconforto e se readaptado à situação. Já a fase de *exaustão* aparece quando o sofrimento volta em níveis mais elevados, e o agente estressor se revela grave e prolongado.

Marilda Lipp entende que existe uma fase de quase exaustão (recentemente descoberta) em que a resistência física e emocional começa a se quebrar, onde o indivíduo ainda consegue refletir, tomar decisões e trabalhar, porém mediante um grande esforço. Mesmo assim, esses momentos de esforço e lucidez se intercalam com momentos de ansiedade e desconforto. A imunidade começa a diminuir e as doenças surgem.

O estresse ocupacional vem sendo amplamente estudado, porém, recentemente, motivado pela Psicologia Positiva, Nelson e Simmons propõem uma discussão acerca do que chamaram de Modelo Holístico de Estresse (figura a seguir):

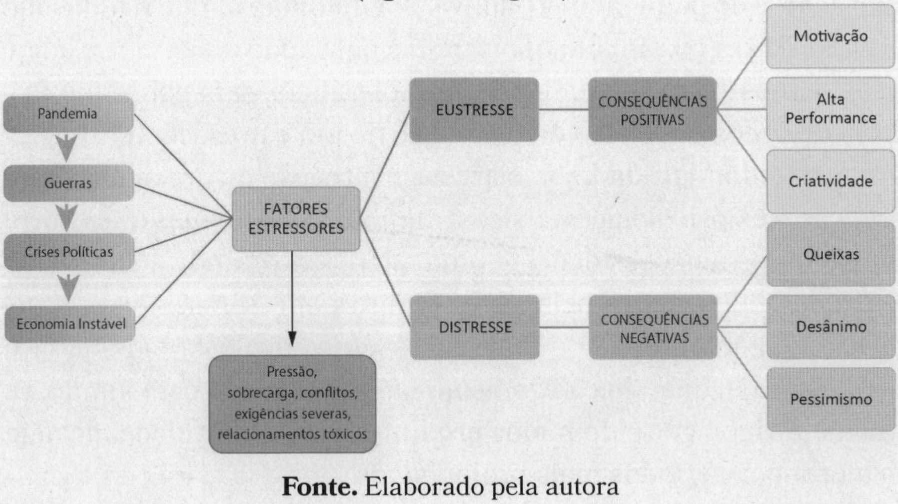

Fonte. Elaborado pela autora

Neste modelo, Nelson e Simmons destacam os fatores estressores que podem surgir no ambiente de trabalho e que podem ser vividos através das exigências físicas, das condições de trabalho, das pressões sofridas, dos relacionamentos e das cobranças. Acrescento ainda a influência de diferentes cenários, como já vivemos antes e atualmente, que podem contribuir para a formação de riscos psicossociais, impactando diretamente no estresse e na resposta emocional do sujeito. Nesse sentido, devemos lembrar que, considerando os riscos psicossociais, ainda existe o ambiente familiar ou pessoal que também contribui com sua sobrecarga na formação do estresse. Dependendo da avaliação cognitiva feita pelo sujeito, teremos uma resposta positiva (*eustresse*) ou negativa (*distresse*) diante dos fatores percebidos e vividos como ameaçadores ou desafiantes. Certamente as diferenças individuais, as características de personalidade e as experiências já vividas serão determinantes na percepção desses fatores estressores. Alguns demonstrarão maior tolerância e um limiar maior para suportar as pressões, outros nem tanto. Entre estas diferenças podemos destacar a capacidade de otimismo, lócus de controle, coragem e sentido de coerência, por exemplo.

Acrescenta-se a isso, uma interessante descoberta inovadora dos autores, quando apontam que a partir da assimilação dos fatores estressores, ou seja, na medida em que são geradores de uma resposta negativa e percebidos como graves e ameaçadores acarretam na necessidade da formação de uma estratégia de *coping* para minimizar suas consequências. Já diante de uma resposta positiva, observa-se o processo de *savoring* que, seguindo os preceitos da psicologia, leva a uma potencialização das respostas positivas.

Estresse e síndrome de *Burnout*

Mas entendo ser importante diferenciar o *estresse* da síndrome de *Burnout*. O primeiro se refere à busca da adaptação a um ambiente que exige muito de nossas capacidades. Sentimos um excesso de comprometimento, percebemos que as exigências são maiores, que precisamos buscar meios de nos adaptar, percebemos um aumento de atividades, de ansiedade e certa perda de energia. Reações emocionais acontecem, e, fisicamente, é notório o cansaço.

Já no caso de uma síndrome de *Burnout* o dano emocional é maior. No Brasil, segundo o decreto 3.048 de 6 de maio de 1999, que fala sobre agentes patogênicos causadores de doenças ocupacionais, a síndrome de *Burnout* está classificada junto aos *Transtornos Mentais e do Comportamento Relacionados com o Trabalho*, manifestando-se com a sensação de estar acabado. Neste caso a síndrome de *Burnout* aparece como sinônimo de síndrome de *Esgotamento Profissional*. Refere-se, portanto, a um estresse crônico não tratado, acompanhado de uma má administração do tempo. Ocorre perda da motivação, descomprometimento, a produtividade decai fortemente, assim como a qualidade; sentimentos de desamparo, desesperança e sintomas de depressão são nítidos.

Em janeiro de 2022, a síndrome de *Burnout* foi classificada pela OMS como uma doença do trabalho, ganhando uma classificação (CID-11) no Código Internacional de Doenças. Mesmo com este destaque, as organizações ainda resistem em perceber este avanço causando estatísticas que vêm avançando gradualmente. Atualmente, cerca de 30% da população profissionalmente ativa no Brasil está diagnosticada com a síndrome do esgotamento.

Quando o estresse se estabelece, estamos buscando meios de nos adaptar a grandes exigências. É um processo consciente, desejado e conduzido pelo indivíduo. Mas quando o *Burnout* se caracteriza, temos a falta de controle desse processo, temos o adoecimento do estado psíquico e emocional, que deixa de ser consciente.

Outro aspecto que distingue o *Burnout* do estresse é que esta doença envolve atitudes e condutas negativas com relação aos usuários, clientes, organização e trabalho, enquanto o estresse aparece mais como um esgotamento pessoal, com interferência na vida do sujeito e não necessariamente na sua relação com o trabalho.

Entre os fatores aparentemente associados ao desenvolvimento da síndrome de *Burnout* está a pouca autonomia no desempenho profissional, problemas de relacionamento com as chefias, problemas de relacionamento com colegas ou clientes, conflito entre trabalho e família, sentimento de desqualificação e falta de cooperação da equipe.

Sabe-se ainda que, as pessoas mais "apaixonadas" pelo seu trabalho e que se engajam fortemente aos seus propósitos, são grandes candidatas a esta síndrome de esgotamento por não perceberem limites de sua dedicação e esforço.

De acordo com a International Stress Management Association (ISMA), 82% dos trabalhadores entrevistados apresentam níveis elevados de ansiedade, 54% apresentam níveis de agressividade em casa por conta do estresse no trabalho e 32% apresentam distúrbios gastrointestinais também causados pelo estresse laboral.

Considerando as medidas estabelecidas entre estresse e *Burnout*, podemos supor o quanto elas podem ser causadoras de acidentes, sobretudo se pensarmos nos trabalhadores ativos em altura ou espaço confinado.

Destaca-se o período pandêmico como um acelerador dos casos de esgotamento devido aos riscos experimentados e à exigência por uma rápida resposta adaptativa, não conhecida na época por se tratar de evento sem precedentes. Por esse motivo, o esforço foi ainda maior, levando os casos de ansiedade a triplicarem nos primeiros meses.

Desde então, percebe-se uma maior atenção aos fatores estressores e à gestão do estresse. A saúde mental ganhou mais atenção das empresas e dos trabalhadores, mas ainda com algumas resistências e inseguranças para abordar o tema no ambiente de trabalho. Alguns tabus e estigmas continuam presentes e se interpõem entre a necessidade de cuidar da saúde e o medo de se expor e ser discriminado.

Achei interessante concluir este capítulo convidando para uma reflexão a respeito do quanto o estresse vem sendo aceito como algo normal e parte da vida diária.

Ao que tudo indica, as pessoas já não se referem com estresse como um inimigo da saúde, mas como algo até mesmo positivo, visto que representa que se você está estressado significa que está alcançando o sucesso profissional. Diante disso, vemos pessoas satisfeitas e com um sorriso no rosto quando relatam sua realização com a "correria" que vêm vivendo. Mas, será?

Byung-Chul Han, em sua obra: *Sociedade do Cansaço*, aponta para os motivos que levam tantas pessoas ao esgotamento mental, discorrendo um breve ensaio sobre os efeitos provocados na mente das pessoas pelas mudanças sociais, culturais e econômicas deste século. Na publicação, a *sociedade do cansaço* surge como consequência da *sociedade do desempenho*. Uma sociedade que se demonstra cansada de tantas tarefas, tanta hiperconectividade e tanta necessidade de performar bem.

Mantendo esta cultura, temos o mais sério agravante – *a normose do estresse,* onde este é visto como parte da vida moderna, e, portanto, normal e aceito. Assim, nada é feito para superar uma vida de desgastes e esgotamentos, visto que esta é parte da rotina, do estilo de vida e comum a todos os profissionais bem-sucedidos e com desejo de realização.

Outros paradigmas surgem em paralelo: o estresse é o preço que se paga para atender às ambições de uma vida melhor, de uma carreira ascendente e, portanto, da admiração dos demais. Trabalhar na madrugada, nos finais de semana e deixar o telefone ligado nas férias para atender à empresa já parece também ter se tornado uma prática comum. Sair depois do horário, fazer horas extras e atender ao chefe a qualquer hora da noite faz parte do perfil do trabalhador admirado e aplaudido pelas empresas. Mas qual o preço disso? Pesquisa aponta que 37% das pessoas estão com estresse extremamente severo, enquanto 59% se encontram em estado máximo de depressão e a ansiedade atinge níveis mais altos, chegando a 63%, segundo a Vittude (vittude.com).

Diante dos fatores estressores, é interessante observar aqueles que podemos evitar e aqueles para os quais precisamos desenvolver estratégias de enfrentamento e novos hábitos através de práticas de autocuidado. Podemos estabelecer limites para o ritmo de trabalho, a sobrecarga, as horas extras, evitar relacionamentos tóxicos e não permitir abusos. No entanto, crises econômicas, desemprego, mudanças de rumos em nosso país, pandemia e falta de segurança pública são fatores que exigem resiliência, adaptabilidade e escolhas que tornem seus efeitos menos danosos.

Tabus que impedem e limitam uma maior atenção à saúde mental, somados à ausência de políticas públicas e iniciativas ainda insuficientes por parte das empresas, levam a um descaso nos cuidados necessários e que se fazem a cada dia mais urgentes. É comum escutar as pessoas comentarem com um sorriso de satisfação que vivem na "correria", como se isso fosse imposto a elas, sem que pudessem ter chance de escolha. Pois esta é a grande questão: Podemos e devemos escolher sim!!!

Cabe aqui concluir este tema com algumas reflexões: o quanto o estresse pode estar sendo causador de acidentes, sem ser considerada a verdadeira causa? Do mesmo modo, o quanto o estresse é tratado pelas equipes de segurança e de saúde ocupacional como forma de prevenção dos acidentes de trabalho? Insisto na realidade que vivemos de grandes exigências, de sobrecarga nas demandas, da ausência da qualidade de vida e de pressões cada vez maiores. E me refiro não apenas ao ambiente de trabalho, mas ao ambiente familiar também, onde ambos contribuem, de forma interdependente, para que haja uma multiplicação dos fatores estressores e suas consequências.

13

Métodos e técnicas de avaliação

> *Os testes psicológicos são úteis para identificar diferenças individuais, mas também para encontrar semelhanças entre as pessoas.*
> (David Wechsler)

Este capítulo traz a colaboração da minha amiga e parceira de longos anos, Gelza Cordeiro, psicóloga e mineira de Juiz de Fora, com sua prática profissional acontecendo em Minas Gerais e São Paulo em Psicologia do Trabalho. Sua ampla experiência e conhecimento em testes psicológicos a qualificam para ministrar cursos sobre o tema, e ser membro do grupo de trabalho em Psicologia Organizacional e do Trabalho do CRP/MG.

Sobre testes psicológicos (Elaborado pela Professora e psicóloga Gelza Cordeira/MG)

Desde que fiz o curso com Lúcia Sebben, em 2011, e iniciei na avaliação de risco psicossocial, as perguntas que mais escuto dos profissionais são: Quais testes uso na avaliação? Posso utilizar somente o teste expressivo e de atenção ou tem que ter mais? E minha resposta continua sendo sempre a mesma: O que você quer avaliar?

Independentemente do tipo de avaliação (psicológica, para psicodiagnóstico, para motoristas, para bariátrica, psicossocial), o mais importante é estar claro para o psicólogo o foco do trabalho, o que será avaliado, o que buscar, pois toda avaliação psicológica é norteada pelos seus objetivos. A partir do momento que se tem essa resposta, fica mais fácil montar a anamnese, a entrevista, escolher outros instrumentos a utilizar e, principalmente, quais testes psicológicos serão acrescidos em nossa bateria.

Respondendo à questão do que avaliar, nosso foco na psicossocial é verificar tudo que pode influenciar na saúde psicológica do trabalhador e como ele lida com os riscos psicossociais em sua vida diária.

Diante do exposto, antes de iniciar a avaliação propriamente dita, alguns pontos devem ser observados na definição de quais testes utilizar:

a) *conheça bem o ambiente de trabalho e seus riscos*: dependendo da função e tarefas exercidas pelo colaborador, verifica-se, por exemplo, a necessidade de uma maior atenção concentrada do que dividida. Por isso, entender a atividade diária nos auxilia na interpretação dos resultados;
b) *idade e escolaridade dos testandos*: todos os testes validados pelo Conselho Federal de Psicologia possuem estudos de acordo com a idade e escolaridade por conta do entendimento do instrumento pelo avaliado. O palográfico por exemplo pode ser aplicado para quaisquer escolaridade, mas a idade é de 18 a 60 anos. Já a Bateria Rotas de Atenção pode ser também para qualquer escolaridade e idade de 18 a 65 anos. Outro inventário utilizado ISSL-R abrange a idade de 15 a 75 anos. Portanto, conhecer os profissionais que serão avaliados quanto a esses pontos é fundamental para a escolha do teste;

c) *objetivo da avaliação*: se é periódico, retorno ao trabalho, contratação ou mudança de função. Caso esteja realizando avaliação para uma mesma empresa por anos consecutivos, repetir a bateria de testes é inadequado. Afinal os testandos já estão familiarizados. Além disso, pode se averiguar um ambiente estressante empresarial no grupo focal, por exemplo, levando o psicólogo a optar pelo teste ISSL-R em vez do Event. Portanto, sugere-se a mudança de alguns instrumentos;
d) *tempo disponível para aplicação:* grande parte das vezes, o funcionário sairá de seu posto de trabalho para realizar a avaliação, consequentemente, o tempo deverá ser considerado a fim de manter a qualidade da avaliação;
e) *validação dos testes pelo CFP:* Por último, e não menos importante, o psicólogo pesquisará no site oficial do CFP (www.satepsi.cfp.org.br) os testes validados.

Como sugestão, a bateria mínima que seja suficiente, adequada e que mantenha a qualidade do trabalho psicossocial seria a utilização de três testes: projetivo, de atenção (que aborde as atenções concentrada, dividida e alternada) e stress. Por exemplo: palográfico, Rotas e Event ou ISSL-R.

O palográfico, criado por Salvador Milá, na década de 1950, e divulgado por Augusto Vels, é um instrumento de análise psicológica introduzido no país, em 1976, por Agostinho Minicucci. É o teste projetivo expressivo de personalidade mais utilizado atualmente, pois, ao analisar a forma do comportamento expresso graficamente, podemos chegar às motivações básicas, ou seja, às características básicas (Alves & Esteves, 2004, p. 23). Ele mede desempenhos expressivos, que são condutas não intencionais, refletindo a estrutura mais profunda da personalidade, que é incontrolável, que não é consciente.

Nele conseguimos avaliar relacionamento interpessoal, adaptabilidade, obediência às normas, estados de humor, capacidade de organização, força realizadora, emotividade, maturidade psicológica, autocrítica e crítica, indicadores de agressividade, traços de neuropatologias e sinais de intoxicação.

Além da personalidade, precisamos observar as atenções do testando. O primeiro pesquisador que se dedicou ao conhecimento maior da atenção foi Herman Von Helmholtz, no século XIX. Depois William James, em 1890, aprofundou os estudos.

A atenção é "o fenômeno pelo qual o ser humano processa ativamente uma quantidade limitada de informações do enorme montante de informações disponíveis através dos órgãos do sentido, da memória e outros processos cognitivos" (Sternberg, 2000).

Os testes de aptidão específica cognitiva ligados à atenção avaliam as capacidades de selecionar apenas uma fonte de informação diante de vários estímulos distratores em um determinado tempo; de procurar dois ou mais estímulos ao mesmo tempo e de focar a seletividade da atenção ora em um estímulo, ora em outro por um determinado tempo. Um dos mais recomendados é a Bateria Rotas.

A Bateria Rotas de Atenção é composta por três testes — Teste de Atenção Concentrada, Teste de Atenção Dividida e Teste de Atenção Alternada — e tem como objetivo investigar a habilidade atencional do sujeito para realizar uma determinada tarefa por um período específico. Para isso, são utilizados estímulos visuais pictóricos, seguindo um caminho desenhado em material gráfico, denominado de "rota", e trilhado em zigue-zague.

Além das três atenções, a Bateria Rotas analisa a média geral da atenção. Considera-se um diferencial deste teste a avaliação de risco psicossocial, pois dependendo do tipo de função ou risco ocupacional que o colaborador lida diariamente, irá exigir mais de uma atenção do que de outra. Por isso, mesmo uma delas estando com resultado mais baixa, a Bateria Rotas, possibilita uma interpretação geral.

Dentre a bateria mínima recomendada, estão também os testes de stress Event (podendo ser utilizado tanto na contratação, mudança de função, periódico ou retorno ao trabalho) e o ISSL–R (aplicado normalmente no período e retorno ao trabalho).

O teste Event é um teste brasileiro, tendo sido padronizado e liberado pelo Conselho Federal de Psicologia, em 2006.

Tem como objetivo medir o quanto as situações do dia a dia no trabalho influenciam a conduta do profissional, a ponto de interferir em sua saúde mental e física. A partir da avaliação, podem-se desenvolver estratégias pessoais e organizacionais para minimizar os efeitos negativos do estresse, melhorando a qualidade de vida do trabalhador.

O teste avalia três fatores de vulnerabilidade de estresse que são:

- Fator 1 – Clima e funcionamento organizacional.
- Fator 2 – Pressão no trabalho.
- Fator 3 – Infraestrutura organizacional e rotina.

Além de sua vulnerabilidade geral ao estresse.

Quando o resultado geral do teste for superior, podemos inferir que o avaliando não consegue lidar atualmente com o estresse, podendo desenvolver o *Burnout*.

Como outra opção indica-se o ISSL-R (Inventário de Sintomas de Stress para Adultos Revisado de Lipp). Este inventário avalia a presença de stress, a fase do stress (alerta, resistência, quase-exaustão e exaustão) e o tipo de sintoma mais frequente (físico ou psicológico). Instrumento útil na identificação de quadros característicos do stress, possibilitando diagnosticar o stress em adultos e a fase em que a pessoa se encontra (alerta, resistência, quase-exaustão e exaustão).

Baseia-se em um modelo quadrifásico, pois verifica: 1) identificar a presença de sintomas que caracterizam o stress, definido como um estado de desequilíbrio do funcionamento psicobiológico do organismo, que se manifesta em resposta a situações de perigo, desafiadoras ou nocivas do ambiente; 2) o grau de severidade do quadro de sintomas, oferecendo uma classificação que vai de sintomas leves a sintomas graves; 3) identifica a presença de sintomas que caracterizam o stress; 4) indica o grau de severidade do quadro de sintomas, oferecendo uma classificação que vai de sintomas leves a sintomas graves.

Não significa que somente esses testes possam ser usados. A escolha da bateria deve fornecer subsídios para a compreensão do sujeito, além de trazer segurança ao avaliador. Sendo assim, é importante que o psicólogo saiba claramente o que precisa ser avaliado para que, desta forma, possa fazer a escolha da bateria que melhor atenda à sua necessidade.

Frequentemente, os alunos que querem aprender a realizar a avaliação de risco psicossocial perguntam: "Quais os testes que devo usar?" como se isso fosse o suficiente para a seu aprendizado. Nesses casos, respondo com outra pergunta: "Mas o que você deseja avaliar?" Quando sabemos o que avaliar, a escolha dos testes se torna simples.

É importante sempre ressaltar que a validade de uma bateria dependerá do quanto esta bateria se adequa ao propósito da avaliação, ou seja, para escolher os testes, antes de tudo, é necessário saber o que deseja avaliar.

"A validade de um teste psicológico depende não apenas da precisão com que ele mede, mas também da sua utilidade para os propósitos práticos para os quais é usado" (Anne Anastasi, psicóloga norte americana conhecida como a "mãe da psicometria" por suas valiosas contribuições a ciência psicológica).

Testes informatizados e remotos/online

Com a pandemia, houve um aumento significativo da utilização dos testes informatizados e remotos/online. Mas o que são testes informatizados/síncronos e testes remotos/online?

Testes Informatizados/Síncronos	Testes Remotos
• Mediado por um computador/celular ou tablet;	• Mediado por um computador/celular ou tablet;
• o psicólogo acompanha a aplicação no mesmo espaço físico que o avaliado.	• o psicólogo e o avaliado não estão no espaço físico. O psicólogo envia o link;
• o psicólogo pode não estar no mesmo espaço físico, porém, acompanha a aplicação em tempo real;	• aplicação e correção são por plataformas;
• pode ser aplicado por meio de tecnologia e/ou corrigido.	• para tal aplicação existem algumas orientações do CFP.

Fonte. Elaborado pela autora

Perante o aumento de serviços prestados à distância, a avaliação de risco psicossocial acompanhou o mercado, podendo ser realizada atualmente neste formato. Contudo alguns cuidados para a manutenção da qualidade, sigilo e ética são primordiais, como:

- verificar anteriormente a familiaridade do testando com tecnologia;
- orientar o avaliado a realizar o teste em local isolado, onde não haja interrupções e tenha uma boa iluminação;
- o dispositivo eletrônico deve estar à frente do avaliado, apoiado em uma mesa ou suporte (tablet ou celular);
- seguir as orientações do Conselho Federal de Psicologia;

- cadastre-se no e-psi;
- faça as combinações necessárias anteriores à avaliação, como as descritas acima;
- garanta sua privacidade e a do testando. Evite interrupções, use fone de ouvido para manter o sigilo;
- organize-se com antecedência para a aplicação e entrevista online, a fim de minimizar quaisquer problemas técnicos;
- observe o sigilo e proteção de dados.

Após a definição da bateria, seguindo os cuidados de aplicação tanto no formato presencial e síncrono/remoto, faremos a interpretação dos testes à luz da psicossocial, avaliando os construtos aprendidos.

Na análise para liberação do Atestado de Saúde Ocupacional (ASO), devemos considerar o contexto de vida pessoal, antecedentes e históricos familiares (casos de doenças mentais), abertura ao aprendizado e à mudança, cultura organizacional (pois esta pode ser favorável à formação de doenças), modelos de liderança.

Por fim, o psicólogo utilizará os seguintes critérios para determinar a não recomendação, junto aos dados da entrevista: dificuldades no autocontrole, traços depressivos, agressivos, déficits de atenção, desmotivação, alta vulnerabilidade ao estresse.

Sobre técnicas complementares

As técnicas complementares representam as ferramentas que foram desenvolvidas e validadas para seu uso simultâneo com testes psicológicos. Vale destacar que, em hipótese alguma, as técnicas complementares poderão substituir os testes.

Essas técnicas complementares podem contribuir na construção da metodologia, favorecendo a mensuração e compreensão e agregando subsídios à conclusão final. Um bom exemplo de técnica complementar seria o Instrumento de Avaliação do Estresse

Psicossocial, de Sheldon Cohen, originalmente desenvolvido na língua inglesa, em 1983, e traduzido e validado em diferentes países. No Brasil, validou-se a versão brasileira para aplicação em idosos. Este instrumento pode apresentar 4, 10 ou 14 questões. A versão brasileira apresentou mais consistência na versão de 14 questões. E mesmo que o questionário tenha sido desenvolvido na década de 1980, e que os comportamentos sociais tenham mudado muito desde então, novas coletas de dados e análises comparativas foram realizadas nos anos de 2006 e 2009, e o índice de confiabilidade interna (alfa de Cronbach) foi mantido sendo 0,78 na coleta inicial e 0,91 nos estudos de 2006 e 2009.

Outra opção é a Escala de Avaliação do Lócus de Controle, instrumento desenvolvido por Rotter, e que foi apresentado por José Augusto Dela Coleta, em Lima, Peru, em 1979, através de um estudo exploratório. Para o desenvolvimento desta escala, foram feitas comparações com versão em inglês e português e cruzamento entre o inventário do estresse de Lipp, com escalas que se propunham a avaliar lócus de controle. O resultado foi a Escala de Avaliação do Lócus de Controle que obteve uma significância favorável, revelando boa consistência interna. A proposta é compreender as estratégias de *coping* a partir de oito fatores: confronto, afastamento, autocontrole, suporte social, aceitação de responsabilidade, fuga/esquiva, resolução de problema e reavaliação positiva. O resultado foi um questionário que contém 66 itens que englobam pensamentos e ações que as pessoas utilizam para lidar com as demandas internas ou externas de um evento estressante específico.

Além desses instrumentos, podemos contar com o PROART (Protocolo de Avaliação de Riscos no Trabalho), desenvolvimento pelo Laboratório de Psicodinâmica e Clínica do Trabalho da Universidade de Brasília (UnB), pelo professor Emilio Facas, em 2013. O PROART tem sua aplicação voltada primordialmente para o mapeamento dos riscos psicossociais no trabalho a partir de instrumentos que envolvam a investigação de diversas dimensões que englobam a relação trabalhador-organização do trabalho.

Desenvolvida sobre uma metodologia tripartite, ou seja, possui uma versão curta, média e longa, as respostas são apresentadas no modelo semáforo, ou seja, na cor verde quando os riscos são baixos, amarelo quando há riscos em atenção e vermelho para alto risco à saúde mental.

Podemos indicar ainda o EEO (Escala de Estresse Organizacional), composto por 32 questões, e que se destina primordialmente ao mapeamento dos riscos psicossociais no trabalho a partir de instrumentos que envolvam a investigação de diversas dimensões que englobam a relação trabalhador-organização do trabalho.

Existem várias outras opções que podem vir a subsidiar a avaliação de risco psicossocial, mas que devem ser escolhidas tendo em vista a importância de ser uma ferramenta estudada e validada para o fim a que se propõe.

As técnicas complementares frequentemente podem fornecer dados que os testes psicológicos ainda não podem dispor ao psicólogo. Porém, na medida em que são validados e reconhecidos como uma forma de medição científica, passam a representar uma valiosa técnica a ser agregada aos testes e à entrevista.

Sobre a entrevista estruturada

Para que uma avaliação seja bem conduzida e seu resultado final seja fidedigno, o avaliador deve ter todos os construtos bem conceituados e compreendidos.

A qualidade de uma avaliação depende muito da capacitação do psicólogo que a conduz, e esta capacitação começa por saber O QUE AVALIAR. Nesse caso, prepare-se para a entrevista estudando detalhadamente cada construto e elaborando um roteiro para que nenhum item fique de fora.

Tenha em mente o objetivo da avaliação, ou seja, a que ela se propõe, porque está sendo realizada. Essa clareza também contribui muito para a condução da entrevista e para a construção da decisão final.

E ainda, lembre-se de considerar o cenário e o contexto pessoal, profissional e social em que o indivíduo está inserido. Toda a compreensão dinâmica de uma personalidade passa por compreender suas reações dentro do meio ambiente global em que vive.

A entrevista para a avaliação de risco psicossocial será do tipo estruturada para que, assim, possa atender às demandas do seu foco e do seu objetivo. Portanto, deve ter um roteiro, um plano para sua condução, com perguntas bem definidas de acordo com o foco de análise. Deverá buscar obter dados específicos, esperar por respostas adequadas ao comportamento seguro, e, por ser focada, terá um tempo curto de duração.

Neste livro, ainda veremos um modelo sugestivo de entrevista; no entanto, o modelo poderá ser desenvolvido pelo profissional de acordo com sua forma de comunicação, e de maneira que ofereça segurança para a tomada de decisão e para as conclusões finais.

Analisar o conteúdo de uma entrevista parece ser óbvio em um primeiro momento. Porém, com frequência vejo isso ser realizado de forma superficial e muitas vezes dissociada.

Para uma entrevista ser desenvolvida com competência, costumo dizer que é preciso consistência, ou seja, análise de conteúdo. Saber claramente o que investigar e o momento de perceber-se satisfeito com as informações já colhidas é essencial.

O avaliado comunica muita coisa com sua resposta não verbal ou com seu esquema corporal. Observe o quanto pode estar tenso ou à vontade, atento ou distraído, interessado ou desinteressado, se compreendeu a questão ou não. Tudo isso e muito mais pode ser observado pelo não verbal.

Do mesmo modo, ficar atento e conectado às entrelinhas é de grande valia. Muitas vezes temos muito conteúdo manifesto na mensagem subliminar ou nas contradições, nas respostas evasivas, até mesmo no conteúdo emocional colocado naquilo que é dito.

Por isso, ao fazer anotações, não se contente apenas com o que é relatado, mas sobretudo, com aquilo que fica implícito. Anote tudo. Mas registre com destaque as suas percepções e interpretações diante do que está ouvindo. Não hesite em perguntar mais e explorar mais a fundo o que não ficou muito claro.

A entrevista é a última etapa da metodologia. É o momento mais importante. A cereja do bolo! Onde todas as informações irão se reunir para serem compreendidas dinamicamente.

Lembre-se sempre: A ENTREVISTA É O MOMENTO DA DECISÃO!

Sobre grupo focal

As entrevistas de grupo focal constituem uma técnica de pesquisa qualitativa. A utilização dos grupos focais, de forma isolada ou combinada com outras técnicas de coleta de dados primários, revela-se especialmente útil na pesquisa avaliativa.

A abordagem clínica, por sua vez, tem o intuito de trazer à tona sentimentos e sensações que não seriam percebidos através de métodos de pesquisa estruturados, lidando com informações veladas, por vezes inacessíveis e inconscientes, nos relacionamentos interpessoais.

O grupo focal é uma etapa inicial. O primeiro contato do avaliador com o avaliado. Dura cerca de uma hora e meia e serve para conhecer como o sujeito vive a cultura organizacional onde está inserido, e de que forma a percebe.

É bastante importante procurar construir um vínculo de confiança e transparência. Oferecer a devolução dos resultados e deixar claro o objetivo de o trabalho ser realizado contribui muito para aproximar e integrar a todos com o avaliador.

Do mesmo modo, uma atitude simples, despojada, afetiva, próxima, expressa através de uma comunicação desobstruída, conferem ao avaliador a condição de formar uma imagem favorável ao relacionamento interpessoal.

A estrutura ou roteiro para a condução do grupo focal deve ser elaborada tendo em vista os aspectos referentes à cultura de SST que devem ser explorados. Todos devem responder e participar, evitando o monopólio dos mais falantes. Do mesmo modo, o foco deve ser respeitado, não deixando espaço para desvios com outros temas.

Em tempos de pandemia, o grupo focal ganha outro enfoque — é preciso, neste momento, avaliar se o sujeito está em condições de ser avaliado, ou se vive sofrimento psíquico situacional que o impede de revelar suas forças para lidar com os riscos psicossociais de seu dia a dia. Neste caso, o grupo focal passa a ser um momento de triagem para definir se seguirá sendo avaliado, ou se deverá ser encaminhado para um atendimento psicossocial.

Grupo focal: onde investiga-se a cultura organizacional aos olhos do avaliado. Como ele a percebe, como se sente, como reage. Situações vividas de acidentes, de emergência, o aprendizado vivido, os valores estabelecidos, tudo é conversado e explorado. Anotações são feitas e, se necessário, revisitadas na entrevista.

A decisão final sobre um apto/inapto tem início desde o primeiro momento do grupo focal. O processo segue passo a passo até ser concluído na entrevista. Porém, nada nos impede de ter dúvidas: vemos boas razões para aptar, mas também existem pontos preocupantes que nos fazem pensar em inaptar.

Sobre anamnese

O questionário de anamnese é um caminho para a investigação do histórico de saúde do avaliado. A compreensão de algumas informações pode contribuir para a análise da saúde mental e das condições do avaliado para enfrentamento de forma adequada e adaptativa frente às adversidades do ambiente laboral e dos riscos psicossociais. Do ponto de vista da psicologia, a anamnese visa compreender a estrutura cognitiva, emocional e comportamental, sendo assim, as questões elaboradas devem levar a um conjunto de informações que permita este entendimento.

Existem inúmeros modelos desenvolvidos e aplicados pelos profissionais que precisam de tais dados para compor sua metodologia. Mas vale destacar que alguns dados são essenciais e devem estar presentes na anamnese que se propuser a ser aplicada em uma avaliação de risco psicossocial:

- *dados pessoais*: nome, idade, sexo, data de nascimento, nacionalidade, naturalidade, escolaridade, estado civil, profissão, religião, estrutura familiar;
- *histórico familiar*:
  - informações sobre estado físico (doenças crônicas ou congênitas);
  - informações sobre estado de saúde mental;
  - histórico de hospitalizações;
  - histórico de acidentes.
  - condições de saúde da família atualmente;
- *histórico pessoal*:
  - de estado físico (doenças crônicas ou congênitas);
  - sobre doenças mentais;
  - hospitalizações;
  - acidentes de trabalho;
  - perdas, luto e traumas (infância e vida atual);
  - algum tratamento atual;
  - uso de medicações contínuas ou diárias;
- *informações gerais*: hobbies, esportes, uso de álcool, drogas e cigarro.

Vale lembrar que as respostas obtidas devem ser investigadas mais detalhadamente e levadas ao foco em questão, de modo que o histórico de acidentes, de segurança e de saúde mental se esclareça.

Sobre documentos psicológicos

Uma das grandes dificuldades do profissional da área de psicologia é a elaboração de materiais resultantes da avaliação. Como o próprio nome já diz, é um documento elaborado por um psicólogo já formado, baseado em dados científicos, reconhecidos pelos Conselho de Psicologia, como os próprios testes psicológicos.

O que é documento psicológico/psicossocial então? Segundo o Conselho Federal de Psicologia: "É um instrumento de comunicação escrita resultante da prestação de serviço psicológico à pessoa, grupo ou instituição".

Vamos entender um pouco o conceito de cada documento que produzimos.

- *Parecer*: é baseado em observações e estudos de um processo, no qual o psicólogo emitirá seu ponto de vista para outro profissional. Ou seja, é uma manifestação técnica fundamentada e resumida sobre uma questão focal do campo psicológico, cujo resultado pode ser indicativo ou conclusivo. Tem como objetivo apresentar resposta esclarecedora, no âmbito do conhecimento psicológico, por meio de uma avaliação técnica especializada, de uma "questão-problema", visando a dirimir dúvidas que estão interferindo na decisão.
- *Laudo*: segundo o dicionário Aurélio, é a "peça escrita, fundamentada, na qual os peritos expõem as observações e estudos que fizeram e registram as conclusões da perícia". É mais abrangente, busca relatar, analisar e integrar os dados colhidos no processo de avaliação de risco psicossocial, tendo como meta relatar a saúde psicológica do avaliado diante de situações adversas, além subsidiar ações ou encaminhamentos.
- *Declaração*: é um documento que visa informar a ocorrência de fatos ou situações objetivas relacionados ao atendimento psicológico, com a finalidade de declarar: comparecimentos do atendido e/ou do seu acompanhante, quando necessário; acompanhamento psicológico do atendido; informações sobre as condições do atendimento (tempo de acompanhamento, dias ou horários). Aqui não deve ser

feito o registro de sintomas, situações ou estados psicológicos. Portanto, ele é mais sucinto. Para que o psicólogo se resguarde quanto ao uso indevido deste documento, é de fundamental importância pontuar a sua finalidade. Caso opte, poderá destacar, ao final, que este não poderá ser utilizado para fins diferentes do apontado no item de identificação, que possui caráter sigiloso e que se trata de documento extrajudicial. Esta é uma orientação para todos os tipos de documentos.

- *Atestado*: é um documento expedido após uma avaliação psicológica, que certifica uma determinada situação ou estado psicológico, tendo como finalidade afirmar sobre as condições psicológicas de quem, por requerimento, o solicita, com fins de: justificar faltas e/ou impedimentos do solicitante, assim como se está apto ou não para atividades específicas, após realização de um processo de avaliação de risco psicossocial, dentro do rigor técnico e ético. As informações deverão estar registradas em texto corrido, separadas apenas pela pontuação, sem parágrafos, evitando, com isso, riscos de adulteração. Caso sejam necessários parágrafos, os espaços deverão ser preenchidos por traços. (Art. 10, § 5 – Resolução 06/2019). Além disso, o psicólogo só poderá atestar o que estiver dentro do âmbito de sua competência profissional. Como os Conselhos Regionais de Psicologia podem, no prazo de cinco anos, solicitar o embasamento técnico científico para o atestado emitido, recomenda-se a elaboração e guarda de um laudo norteador deste atestado.
- *Relatório psicológico*: é uma peça de natureza e valor técnico-científico, devendo conter narrativa detalhada e didática, com precisão e harmonia.
- *Relatório multidisciplinar:* é um documento produzido em conjunto com profissionais de outras áreas, preservando-se a autonomia e a ética profissional dos envolvidos.

Diante do exposto, qual o documento que produzimos na avaliação de risco psicossocial? Isso mesmo: *Laudo*.

Produzimos também o atestado e declaração, quando solicitado. Podem ainda haver situações em que se produza mais de um documento, por exemplo: é possível que o psicólogo do RH elabore um laudo, mas a área de SST também precisa de um documento, e, neste caso, é feito um atestado.

Como observação: nos processos de avaliação psicológica compulsória, o documento a ser emitido pela(o) psicóloga(o) deverá ser o atestado psicológico. Contudo, quando solicitado, a(o) psicóloga(o), além do atestado psicológico, pode emitir também um laudo psicológico.

Ocorrem algumas situações onde o colaborador deverá realizar o processo de avaliação durante o horário laboral, por isso algumas empresas solicitam a declaração de comparecimento.

No caso de seleção psicossocial, por ser uma avaliação híbrida, ou seja, que desenvolve duas avaliações em uma única metodologia, resultará dois documentos, um com foco em competências e outro com foco na saúde psicológica.

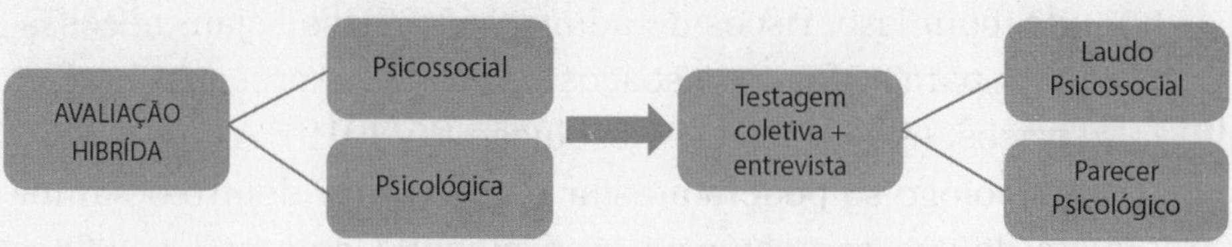

Fonte. Elaborado pela autora

Sobre a linguagem nos laudos

Agora que já sabemos quais documentos emitir, falaremos da linguagem para a redação dos laudos. Recomenda-se a utilização de linguagem acessível para que o requisitante compreenda o seu teor e relacione os conteúdos que foram abordados com o que se refere aos construtos da avaliação de risco psicossocial.

O documento deve, na expressão escrita, apresentar uma redação bem estruturada e definida, ou seja, expressar o pensamento, o que se quer comunicar. Precisa ter também uma ordenação que possibilite a compreensão por quem o lê, o que é fornecido pela estrutura, composição de parágrafos ou frases, além da correção gramatical.

Por ser de caráter profissional, o uso de expressões deve ser compatível com as da linguagem profissional, garantindo a precisão da comunicação e evitando a diversidade de interpretações; por isso, quando se escreve um termo psicológico, deve-se explicar seu significado, permitindo a clareza (conforme artigo 6.º Resolução 06/2019).

A comunicação escrita deve se atentar para a concisão e a harmonia. A concisão se verifica na aplicação das palavras/frases exatas, a fim de se manter a qualidade das informações sem tornar a redação sucinta demais e nem prolixa. Já a harmonia se traduz na correlação adequada das frases, no aspecto sonoro e na ausência de cacofonias e de palavras repetidas.

Outro ponto a se considerar é que o processo de avaliação psicológica deve levar em conta a natureza dinâmica, não definitiva e não cristalizada da personalidade do profissional, por isso usa-se o termo atualmente junto à conclusão, seja o colaborador apto (indicado) ou inapto (contra indicado) (conforme artigo 3.º Resolução 06/2019).

Além de todos esses cuidados, a elaboração do laudo baseia-se também nas seguintes etapas, segundo o professor Minicucci (1998):

1. obter a maior quantidade de dados sem preocupação com a forma ou com a pertinência dessas informações;
2. selecionar os dados obtidos na avaliação de acordo com o tipo de objetivo (psicossocial para contratação, periódico, retorno ao trabalho, mudança de função);
3. sintetizar as informações de forma a dar um encaminhamento lógico aos dados apurados.

Outro tópico a se observar é a estrutura básica do laudo psicológico (caso o psicólogo queira, pode colocar o subtítulo: Laudo Psicossocial), a qual contém os seguintes itens baseados na Resolução 006/2019:

1. *identificação*: refere-se à descrição dos dados básicos do avaliado, como nome, idade, escolaridade e profissão;
2. *descrição da demanda*: nesse item, o psicólogo apresenta as informações referentes aos aspectos da personalidade do profissional que o auxiliam no enfrentamento ou não de situações adversas diante da função de risco, esclarecendo quais ações, decisões ou encaminhamentos o Laudo deverá subsidiar;
3. *métodos e técnicas utilizadas*: refere-se à descrição dos recursos utilizados e dos resultados obtidos, como testes, entrevistas estruturadas, anamnese;
4. *conclusão*: destina-se a apresentar uma síntese da avaliação realizada e/ou encaminhamentos, necessariamente relacionados à demanda. Como em qualquer laudo, devemos elaborar sua redação observando o objetivo do documento. No caso da psicossocial colocaremos os conceitos aprendidos que são fundamentais para a conclusão, além dos resultados dos testes, lembrando que o foco da avaliação de risco psicossocial é o risco psicossocial;
5. *referências bibliográficas*: como o documento é baseado em um estudo seja de teoria, seja do próprio instrumento utilizado, deve-se colocar as referências. Podem estar no rodapé ou no corpo do documento.

Sobre o arquivamento dos documentos

A guarda da comunicação escrita psicológica se faz importante para o caso de fiscalização e questionamentos futuros. Se o psicólogo presta serviço a uma instituição, a documentação pertence a ela, porém, os cuidados com sua guarda cabem ao psicólogo, que adequará o local a fim de manter o sigilo necessário.

A guarda dos documentos, principalmente do laudo psicossocial, é em um armário fechado à chave ou em arquivo no computador, com senha, ao qual somente o psicólogo poderá ter acesso.

O laudo é arquivado separadamente dos testes psicológicos e da anamnese pela questão do sigilo.

Os documentos escritos decorrentes de avaliação de risco psicossocial, bem como todo o material que os fundamentou, deverão ser armazenados pelo prazo mínimo de cinco anos, observando-se a responsabilidade por eles tanto do psicólogo quanto da instituição em que ocorreu a avaliação.

Portanto, tanto o laudo em si, como os testes utilizados devem permanecer sob responsabilidade do psicólogo por no mínimo cinco anos, pois o candidato ou profissional tem direito de retorno.

Em caso de extinção de serviço psicológico/psicossocial, o material privativo e os documentos escritos se mantêm em posse do psicólogo responsável da instituição, que os conservará sob sua guarda pelo prazo previsto acima.

O prazo de validade do conteúdo dos documentos escritos, decorrentes das avaliações, deverá considerar a legislação vigente. Neste caso o tempo para uma nova avaliação de risco psicossocial é de até 1 (um) ano. Não havendo definição legal, o psicólogo indicará o prazo de validade do conteúdo emitido no documento em função das características avaliadas, das informações obtidas e dos objetivos da avaliação.

Ao definir o prazo, o psicólogo deve dispor dos fundamentos para a indicação, devendo apresentá-los sempre que solicitado. Ao término, o psicólogo ou instituição responsável pela guarda deverá destruir o material de forma a não permitir a quebra do sigilo das informações nele contidas, de preferência inutilizando-os com picotador.

Além das orientações acima descritas, o Conselho Federal de Psicologia normatiza, por meio de Resoluções, a conduta ética do psicólogo. No que se refere aos documentos psicológicos, a última

Resolução é a 006/2019, que tem como objetivo ampliar o leque de documentos psicológicos, fornecendo os subsídios técnicos para a elaboração qualificada da comunicação escrita. Ela aborda os seguintes tópicos principais:

- o psicólogo deve rubricar todas as páginas e assinar a última;
- todas as laudas (páginas) devem ser numeradas;
- em toda avaliação psicológica/psicossocial é obrigatória a elaboração de documento;
- procurar protocolar a entrega de documentos para garantir o sigilo;
- se utilizar material teórico técnico, colocar no rodapé as referências. No Laudo isso é obrigatório;
- a validade do documento deverá estar escrita;
- resoluções principais sobre documentos psicológicos além da 06/2019, 09/2018 (estabelece diretrizes para a realização de Avaliação Psicológica), 05/2010 (dispõe sobre a obrigatoriedade do registro documental decorrente da prestação de serviços psicológicos), 007/2003 (institui Manual de Elaboração de Documentos).

É de extrema importância que o psicólogo responsável pelo documento escrito decorrente da avaliação psicológica se atente ao artigo 24 do Código de Ética Profissional do Psicólogo, garantindo, assim, o sigilo profissional.

Devido ao seu caráter confidencial, o teor do laudo deverá ser de conhecimento apenas do psicólogo e do médico do trabalho. Não podemos esquecer que caso o profissional avaliado queira ver o laudo, terá todo o direito. Ao encaminhar o laudo para o psicólogo da empresa ou médico do trabalho, um protocolo de recebimento é obrigatório, sendo ele impresso ou escrito no corpo do e-mail. Este protocolo deve conter data, local e assinatura de quem recebeu o documento, para fins de comprovação e fiscalização. Segue um modelo:

MODELO DE PROTOCOLO

Devido ao seu caráter confidencial, o teor do laudo deverá ser de conhecimento apenas do psicólogo e do médico do trabalho. Não podemos esquecer que caso o profissional queira ver o laudo, terá todo o direito. Ao encaminhar para o psicólogo da empresa ou médico do trabalho, o protocolo é obrigatório sendo ele impresso ou escrito no corpo do e-mail. Este protocolo deve conter data, local e assinatura de quem recebeu o documento, para fins de comprovação e fiscalização. Segue um modelo:

Prezado Sr(a).,

Encaminhamos, anexo, laudo referente ao Sr(a). ________________, *profissional com o cargo de* ________________. *O referido documento contém dados pessoais e, portanto, confidenciais, obtidos durante todo o processo de avaliação de risco psicossocial, atendendo às normas NRs.*

Recomendamos que as informações nele integrantes permaneçam em sigilo e que não sejam reproduzidas sob qualquer hipótese.

Atenciosamente,

Fonte. Elaborado pela autora

14

O resultado da avaliação psicossocial e suas implicações para o indivíduo e para a organização

> *A ação não é atividade e atividade não é ação. A atividade abafa nossas angústias, nossos medos; a ação liberta, nos traz a sensação de plenitude, de autorrealização.*
> (Tantra – A Suprema Compreensão – Bhagwan Shree Rajneesh)

Uma das grandes preocupações da organização ao realizar a avaliação de risco psicossocial diz respeito ao resultado final. Qual ou quais os critérios para definir o resultado final? O que fazer com os "inaptos" ou "não indicados"?

Outra questão polêmica quanto aos resultados refere-se ao critério para considerar alguém "apto" ou "inapto". Vamos começar por rever este termo que me parece rotulante e pejorativo. Sugiro falarmos em "recomendado" e "não recomendado", tendo em vista o caráter subjetivo e transitório da avaliação.

Antes de chegarmos à conclusão final, devemos considerar o quanto o ambiente ao seu redor é favorável para a melhora das condições de saúde, contribuindo para sua recuperação, estimulando uma atitude positiva, ou se este ambiente, além de não ajudar, acarreta em ainda mais dificuldade, sem trazer condições de melhora. Tudo dependerá da mensagem registrada pelo indivíduo no ambiente familiar e organizacional, respondendo a questões referentes à sua autoestima e autoconfiança. Assim, percebendo que o seu entorno permite uma melhora de sua condição psicossocial em curto prazo, podemos pensar em uma reavaliação em poucos meses, sem precisar aguardar pelo vencimento do próximo periódico em 12 meses. Por exemplo, caso haja alguma dificuldade no trabalho de estresse, mas o avaliado possua em casa uma família que oferece o apoio necessário para que encontre acolhida no sentido afetivo, emocional e de descanso e apoio para que enfrente os desafios do trabalho com autoconfiança e autoestima, teremos, assim, maiores chances de ter esta pessoa recuperada antes do período de 12 meses podendo, então, ser reavaliada e reassumir suas funções. Do mesmo modo, se tivermos uma cultura organizacional nociva à saúde mental, que não demonstre preocupações com o bem-estar do seu colaborador, exija acúmulos de funções, excesso de carga horária, dificuldades de relacionamento com colegas e líderes, certamente não teremos condições de melhora a curto prazo. A necessidade de adaptação deste colaborador a um ambiente que não facilita a formação de condições adequadas para um bom desempenho e que preserva sua saúde mental será mais lenta, e necessitará de um esforço maior por parte do indivíduo, que precisará recorrer a outros recursos internos para ajustar-se a uma demanda adversa.

Mas, finalmente, quando falamos em retirar alguém de sua função em razão da atuação dos riscos psicossociais, pensando na segurança e saúde deste trabalhador, devemos refletir de forma conjuntural e dinâmica, ou seja, observando como este trabalhador reagirá diante das pressões diárias e adversidades, ou mesmo diante de emergências e situações mais graves.

O reconhecimento das emoções presentes em cada momento diante dos riscos, e o seu uso adequado na tomada de decisões, indicam aspecto fundamental da inteligência emocional. A capacidade de autoconhecimento e de aceitação de si, de autocríticas e de receber críticas também são indicadores do quanto o indivíduo é capaz de gerir a si mesmo, dando conta de suas demandas internas diante do mundo externo. A condição de conhecer-se e receber críticas define, em parte, a maturidade emocional e a condição de aprender, buscar mudanças e evoluir diante da realidade percebida. Outro aspecto que não se pode deixar de destacar diz respeito à estrutura emocional e sua estabilidade. Níveis de agressividade, impulsividade ou de depressão são fatores diretamente afetados pelos riscos psicossociais, podendo atingir níveis que inviabilizam a permanência do indivíduo em funções de risco.

E se for um número expressivo, como vou fazer a produção funcionar? Já o trabalhador, em muitos casos, não sabe do que se trata, ou pior, sente-se ameaçado, acreditando que possa haver o risco de uma demissão. Nenhuma dessas ideias procede. A estatística de reprovação nas avaliações psicossociais têm variado de 3% a 5% e a sugestão dada é de que o avaliado seja realocado em uma função sem riscos significativos, até que sua validade seja vencida, e seja época da realização de um reexame. E a empresa deve estar preparada para esta necessidade, caso ela surja. Portanto, trata-se de planejamento e previsibilidade que antecipam soluções para possíveis problemas futuros.

Mas devemos considerar que esta questão não é apenas um problema da organização. Vamos considerá-la avaliando cada uma das partes:

O compromisso do indivíduo refere-se à ampliação de sua consciência sobre si mesmo. Caso o resultado não tenha sido o esperado, cabe refletir sobre todos os aspectos de sua vida e o quanto sua saúde pode estar precisando de ajuda, seja sob o ponto de vista físico ou mental, seja referente ao trabalho ou sua vida pessoal. É preciso que seja compreendido que, caso haja algum aspecto desfavorável em sua avaliação, poderá refletir não apenas em sua saúde e sua segurança, mas em seu bem-estar no trabalho e no meio familiar, visto que se trata de uma avaliação de risco psicossocial que se propõe a avaliar as reais condições do indivíduo para se expor a um ambiente perigoso e adverso. Naturalmente, ocorrem as resistências. É difícil aceitar qualquer questão que venha contra o seu interesse, ainda que procedente. E, mais uma vez, surge a importância da consciência de si, capaz de reconhecer e aceitar vicissitudes, acreditando que sejam necessárias para a busca de uma evolução maior.

Quanto ao gestor, cabe contribuir para o elo de ligação entre a organização e seus interesses, e amparar o profissional que necessita manter seu trabalho, mas reflete necessidade de ajuda, apoio e orientação até que sua condição de produzir em meio ao risco seja recuperada. O papel do gestor implica em colaborar na formação de um ambiente empático. É necessário o foco em pessoas sem deixar de observar as metas a serem cumpridas. Dependendo da necessidade de ajuda e do motivo da não indicação, uma simples escuta empática já ajuda muito. É preciso que o funcionário se sinta compreendido e aceite sua realidade para, assim, manter-se pertencente ao grupo e parte de sua unidade. Esse sentimento de vínculo é fundamental para sua recuperação e para a reinserção à função quando isso acontecer.

Saber como lidar com esses resultados é o que trará "alma" a uma avaliação de risco psicossocial. É nesse momento que seu objetivo e seu sentido devem ser absorvidos pela organização, conferindo uma razão de ser para o trabalho.

É quando se definirá se a empresa estará trabalhando por OBEDIÊNCIA ou por CONSCIÊNCIA. Os obedientes não estão atentos às pessoas, mas sim ao mero cumprimento de normas, trazendo um caráter burocrático às avaliações. Produzem um documento e esperam não ser surpreendidos pela fiscalização.

Já os conscientes trabalham em vista do bem-estar, da saúde e da segurança, entendendo que, a partir disso, a organização estará fortalecida para seguir em busca de melhores resultados. Nesse caso, existe o reconhecimento de que haverá ajustes a serem feitos, e que cada setor terá sua contribuição em busca de um bem maior.

15

Estudos de casos práticos

Os três casos a seguir, foram apresentados por Márcia Romeiro, psicóloga e diretora da Seminare Psicologia e Saúde. Márcia foi aluna da Capacitação em Avaliação de Risco Psicossocial e hoje é especialista em Análise do Comportamento Aplicada e Saúde Mental nas Empresas.

Caso 1 — Laudo psicológico

I – Requisitante: NOME DA EMPRESA

II – Avaliado: CICRANA DE TAL

III – Data e local

Descrição da demanda

Avaliação de Risco Psicossocial realizada em conformidade com as Normas Regulamentadoras (NRs) do Ministério do Trabalho e Emprego como processo integrante de exames requeridos para execução de atividades laborativas que impliquem na participação em atividades consideradas de risco, para o Exame Periódico de

Saúde para atendimento à NR12 (Veículos Industriais) ao cargo de Operadora de Empilhadeira. As informações foram colhidas com a própria avaliada através de entrevista e testes psicológicos válidos.

Procedimento

Para a realização da avaliação psicológica foram consideradas as características do ambiente de trabalho e seus controles preventivos em saúde e segurança do trabalhador e utilizados os seguintes instrumentos: Entrevista Individual Estruturada; Questionário Psicossocial; Teste Palográfico[1], que avalia traços da personalidade, adaptação, ritmo, produtividade e qualidade do trabalho realizado; e o Teste CTA (Coleção de testes para Avaliação da Atenção)[2], que avalia níveis de atenção alternada, concentrada e dividida.

Histórico

A avaliada relata que teve uma infância marcada por mudanças frequentes de residência devido ao trabalho dos pais, o que a fez desenvolver habilidades de adaptação e socialização desde cedo. Aos 15 anos, enfrentou a separação dos pais, o que a impactou emocionalmente, mas contou com o apoio da mãe e da escola para superar. É divorciada há 01 ano, não tem filhos, e atualmente reside sozinha em um apartamento na capital. Descreve-se como uma pessoa independente e resiliente, mantendo uma rede de apoio formada por amigos e colegas de trabalho. Gosta de atividades ao ar livre, leitura e voluntariado.

Recentemente, enfrentou um período de estresse significativo devido ao divórcio e à pandemia de covid-19, o que a fez buscar apoio psicológico para lidar com a ansiedade, depressão e o isolamento social. Queixa-se de dores de cabeça após ter contraído covid-19. Utiliza Bromazepan e Tegretol, relatando efeitos colaterais recentes devido ao ajuste da dosagem, tais como sonolência e vertigem. Está em acompanhamento psiquiátrico e psicológico há 01 ano.

Análise dos resultados

A avaliada mostrou-se disponível e interessada no processo de avaliação psicológica; comportou-se de modo colaborativo e apresentou funções cognitivas preservadas.

Nos testes de atenção, obteve resultados que tendem à média inferior e, no teste Palográfico, apresentou produtividade média com alta oscilação rítmica, significando flutuações e instabilidade no desempenho das tarefas, com traços de personalidade estáveis.

Identifica-se um controle inibitório irregular e uma autorregulação emocional insuficiente, lidando com dificuldades significativas em situações estressantes e sentimentos de ansiedade. Mostrou-se menos resiliente nos aspectos de adaptação à mudança, autoconfiança e autoeficácia. Em entrevista, foi possível observar autocrítica excessiva e dúvidas constantes sobre suas capacidades. Isso afeta a percepção que tem de suas conquistas e potencial, interferindo negativamente em sua performance profissional e no seu bem-estar geral.

Quanto às relações sociais, apesar de apreciar a companhia de outras pessoas, demonstrou dificuldades em buscar e manter interações sociais de maneira eficaz, frequentemente se isolando em momentos de maior estresse. Mostra-se gentil e simpática, porém, com postura ansiosa e insegura.

Conclusão

Com base nos dados coletados através de entrevista e avaliação psicológica, a avaliada apresentou dificuldades significativas na capacidade de autorregulação emocional, impactando negativamente sua capacidade de relatar sobre sua vida e relacionar fatos de maneira consistente. Dessa forma, conclui-se que a avaliada está INAPTA ao cargo de Operadora de Empilhadeira.

Recomendações: Acompanhamento Psicológico e Psiquiátrico, remanejamento de suas funções e a retirada das atividades consideradas de risco.

Local e data.

Nome
Psicólogo
CRP XX/XXXXX

Referências

[1] Alves, I. C. B., & Esteves, C. (2004). O teste palográfico na avaliação da personalidade. São Paulo: Vetor.

[2] Esteves C., & Rueda, F. J. M. (2001). CTA coleção de testes de atenção. São Paulo: Vetor, 2021.

Laudo Psicológico confidencial e sigiloso, de acordo com o Código de Ética profissional do Psicólogo e da Resolução 06/2019: Este documento não poderá ser utilizado para fins diferentes do apontado no item de identificação. Possui caráter sigiloso, visto que trata de documento extrajudicial. O psicólogo autor não se responsabiliza pelo uso dado ao documento por parte da pessoa, grupo ou instituição, após a sua entrega.

Este laudo foi uma colaboração de Fernando Rodrigues da Rocha, Psicólogo Clínico e Organizacional desde 2021. É especialista em Avaliação Psicológica e Psicologia do Trânsito e membro do grupo Seminare Psicologia e Saúde

Caso 2 — Laudo psicológico

I – Requisitante: NOME DA EMPRESA

II – Avaliado: BELTRANO DE TAL

III – Data e local

Descrição da demanda

Avaliação de Risco Psicossocial realizada em conformidade com as Normas Regulamentadoras (NRs) do Ministério do Trabalho e Emprego como processo integrante de exames requeridos para execução de atividades laborativas que impliquem na participação em atividades consideradas de risco, para o Exame Periódico de Saúde para atendimento a NR10 (Eletricidade), NR12 (Veículos Industriais; Ponte Rolante), NR33 (Espaço Confinado) e NR35 (Altura) ao cargo de Mecânico de Manutenção Industrial. As informações foram colhidas com o próprio avaliado, através de entrevista e testes psicológicos válidos.

Procedimento

Para a realização da avaliação psicológica, foram consideradas as características do ambiente de trabalho e seus controles preventivos em saúde e segurança do trabalhador e utilizados os seguintes instrumentos: Entrevista Individual Estruturada; Questionário Psicossocial; Teste Palográfico[1], que avalia traços da personalidade, adaptação, ritmo, produtividade e qualidade do trabalho realizado; e o Teste CTA (Coleção de Testes para Avaliação da Atenção)[2], que avalia níveis de atenção alternada, concentrada e dividida.

Histórico

O avaliado relata que teve uma infância estável e uma relação próxima com sua família. Concluiu o ensino médio em uma escola técnica, onde se especializou em mecânica. Desde jovem, demonstrou interesse por áreas técnicas e ingressou no mercado de trabalho como aprendiz em uma grande indústria. Formou-se em Mecânica de Manutenção, em 2010, e desde então atua na área, acumulando vasta experiência em manutenção de equipamentos industriais.

É casado e pai de dois filhos, com idades de 8 e 12 anos. Recentemente, enfrentou o adoecimento de seu filho mais novo, o que lhe causou um período de maior estresse e preocupação. Reside com a família em uma casa no interior e descreve-se como uma pessoa responsável e dedicada, tanto na vida pessoal quanto profissional.

Ao ser questionado quanto às suas características, relata que gosta de manter uma rotina organizada, aprecia o trabalho em equipe e tem facilidade em lidar com tarefas complexas. Destaca-se pela capacidade de adaptação e busca constante por aprendizado e melhorias em suas atividades.

Análise dos resultados

O avaliado mostrou-se disponível e interessado no processo de avaliação psicológica; comportou-se de modo colaborativo e apresentou funções cognitivas preservadas, não denotando aspectos atuais ou pregressos que comprometessem seu juízo e capacidade de crítica ou aspectos pessoais que pudessem interferir no desempenho de suas funções.

Nos testes de atenção, obteve resultado dentro da média e no teste Palográfico apresentou produtividade média, com baixa oscilação rítmica, significando estabilidade no desempenho das tarefas, com traços de personalidade estáveis.

Apesar de relatar dificuldades em se concentrar após o adoecimento de seu filho, demonstrou boa capacidade de adaptação e um Lócus de Controle Interno bem desenvolvido, assumindo responsabilidade por suas ações e fazendo uso de recursos disponíveis para atender às demandas de trabalho e ajudar os colegas, e consegue pedir ajuda quando necessário. Faz psicoterapia regularmente desde o diagnóstico do filho, há 18 meses. Não relata fobias ou quaisquer dificuldades relacionadas à sua rotina laboral e atividades de maior risco.

Conclusão

Com base nos dados coletados através de entrevista e avaliação psicológica, o avaliado apresentou capacidade de entendimento preservada e facilidade para relatar sobre sua vida e relacionar fatos, demonstrando plena capacidade de entendimento, estando APTO ao cargo de Mecânico de Manutenção.

Recomendações: Acompanhamento Psicológico.

Local e data.

Nome
Psicólogo
CRP XX/XXXXX

Referências

[1] Alves, I. C. B., & Esteves, C. (2004). O teste palográfico na avaliação da personalidade. São Paulo: Vetor.
[2] Esteves C., & Rueda, F. J. M. (2001). CTA coleção de testes de atenção. São Paulo: Vetor, 2021.

Laudo Psicológico confidencial e sigiloso, de acordo com o Código de Ética profissional do Psicólogo e da Resolução 06/2019: Este documento não poderá ser utilizado para fins diferentes do apontado no item de identificação. Possui caráter sigiloso, visto que se trata de documento extrajudicial. O psicólogo autor não se responsabiliza pelo uso dado ao documento por parte da pessoa, grupo ou instituição, após a sua entrega.

Caso especial — Laudo psicológico

I – Requisitante: nome da empresa

II – Avaliação Psicológica realizado ao Sr. Fulano De Tal

III – Data e local

Identificação

Fulano de tal, 40 anos, foi avaliado com o intuito de subsidiar avaliação de risco psicossocial conforme exigências para o Processo Seletivo para vaga de Engenheiro da empresa XXXX, sediada na cidade de São Paulo/SP.

Método e instrumentos

O avaliado foi submetido a exame psicológico por meio de Entrevista de Anamnese estruturada, o Teste NEO-PI-R e Inventário de personalidade, que fornecem uma ampla explicação da personalidade, sendo cada um destes domínios composto por seis facetas, o que totaliza 35 características de personalidade e a Escala dos Pilares da Resiliência (EPR), que identifica, dentre as características que favorecem uma conduta resiliente, quais delas a pessoa tem mais ou menos desenvolvidas. O candidato é residente no estado do RS e, portanto, entrevista e avaliação psicológica foram realizadas à distância, com testes validados para aplicação online e videoconferência.

Histórico

Trata-se do presente laudo psicológico para apurar as condições do funcionamento psicológico de Fulano de tal. As informações foram colhidas com o próprio avaliado, através de entrevista e testes psicológicos válidos.

O avaliado relata que a infância foi tranquila, porém, sua família sempre cobrou disciplina, foco nos estudos e responsabilidade. Seu pai faleceu em 2002, quando Fulano tinha 19 anos de idade. Com o falecimento do pai, interrompeu os estudos para diminuir os custos e apoiar a família, já que era o filho mais velho. Decidiu prosseguir com os estudos, porém, em outra área (Engenharia) em uma universidade pública, pois considerou que teria melhores oportunidades para compor a renda familiar. Formou-se Engenheiro Civil no ano de 2010 e, desde então, dedica-se à profissão, obtendo experiência em diversas áreas da Construção Civil através de projetos em todo o país.

É casado há 8 anos, tem dois filhos, com idades de 3 e 7 anos. Reside atualmente com a família em uma cidade no interior do RS, porém, seu trabalho sempre exigiu viagens regulares, no qual já está acostumado. Possui rede de apoio a partir dos irmãos e cunhados que residem próximos.

Ao ser questionado quanto às suas características, relata que tem rotina ativa, que gosta do interior, de pessoas e números (algo que considera raro na área na qual atua). Relata gostar de ajudar os outros, saber pedir ajuda quando necessário e conseguir manter o foco em situações difíceis.

Está enfrentando o luto da mãe, que faleceu há um ano, próximo ao aniversário do filho mais novo. Considera que o luto colaborou para seu amadurecimento como homem, marido e pai.

Análise dos resultados

O avaliado demonstrou atenção, disponibilidade e compreendeu o objetivo das atividades propostas. Percebe-se como uma pessoa bem-humorada, dinâmica e resiliente. No que tange os aspectos psicológicos mais relativos ao seu funcionamento, observa-se maior estabilidade emocional e tende a enfrentar as pressões do dia a dia de forma mais moderada e bem estruturada. Tende a manter uma postura sociável e assertiva com relação às pessoas. Tende a manter, em seu dia a dia, hábitos que ofereçam tanto a oportunidade de ter atividades que sejam rotineiras quanto a possibilidade de realizar tarefas novas e inovadoras, como, também, a apresentar responsabilidade e determinação para atingir os objetivos nos quais está comprometido. Foi possível identificar bom controle inibitório e boa autorregulação emocional, mostrando-se capaz de lidar, de maneira satisfatória e acima da média, com situações geradoras de estresse e sentimentos de ansiedade e frustrações, demonstrando resiliência, principalmente nos pilares relacionados adaptação à mudança, autoconfiança e autoeficácia.

No entanto, quanto aos pilares mais fragilizados, apresentou escore Baixo em Empatia, o que pode significar dificuldades de perceber o estado emocional de outras pessoas, podendo interpretar de maneira inadequada ou equivocada o comportamento dos outros, não compreendendo as razões que o levaram a agir de determinado modo. Pode indicar falta de habilidade em perceber se as pessoas que o rodeiam estão passando por algum problema. Quanto às relações sociais, apesar de não demonstrar necessidade de estar envolvido com outras pessoas, gosta de companhia e não apresenta dificuldades para buscar interação. Mostra-se gentil e simpático, postura assertiva e respeitosa.

Conclusão

Com base nos dados coletados através de entrevista e avaliação psicológica, o avaliado apresentou capacidade de entendimento preservada e facilidade para relatar a respeito de sua vida e também relacionar fatos, demonstrando plena capacidade de entendimento, estando APTO ao cargo de Engenheiro Civil.

Referências

Costa Júnior, Paul T.; Mccrae, Robert R. (2010). *NEO PI-R Inventário de Personalidade* — NEO Revisado e Inventário de Cinco Fatores Neo Revisado NEO-FFI-R (Versão Curta). São Paulo: Vetor Editora. 136 p. v. 1. ISBN 987-85-7585-326-9.

Cardoso, Tabata, Martins, Maria do Carmo Fernandes. (2013). *Escala dos Pilares da Resiliência*: EPR. São Paulo: Vetor Editora, vol. 3. ISBN 987-85-7585-707-6.

Local e data.

____

Nome
Psicólogo
CRP XX/XXXXX

16

A devolução dos resultados

> *Conhecimento não é aquilo que você sabe, mas o que você faz com aquilo que sabe.*
> (Aldous Huxley)

Sugiro que, logo no início das atividades de avaliação, o psicólogo ofereça a possibilidade de devolução, esclarecendo aos testandos que terão a liberdade de escolha entre receber ou não seus resultados, porém, considero fundamental que eles sejam encorajados a receber a devolutiva, apontando para suas vantagens, ganhos e importância para seu processo evolutivo e de autoconhecimento. Essa estimulação e abertura por parte do avaliador geralmente traz credibilidade ao seu trabalho e aproximando, assim, as partes envolvidas, na medida em que oferece transparência e abertura.

É dever do psicólogo realizar uma entrevista devolutiva para o avaliado ou para instituição solicitante da avaliação de risco psicossocial, quando o documento for um laudo. Caso emita um atestado, o psicólogo só terá essa entrevista se for solicitado.

Para um feedback do processo mais assertivo seguem algumas observações:

1. *a entrevista deve ser pautada na saúde mental*. Como na elaboração do documento não podemos perder o foco psicossocial, que é a saúde psicológica; na devolutiva, este objetivo deve nos nortear em nossa fala;
2. *ser planejado*. O estudo da nossa avaliação, de como chegou-se à conclusão é fundamental para a qualidade deste retorno, pois é neste momento que temos a oportunidade de conduzir o avaliado a uma reflexão e ao autocuidado;
3. *perguntar o que foi percebido da avaliação*. Iniciar a conversa profissional com uma reflexão pode levar o profissional a compreender melhor a meta principal da psicossocial: preservação da vida;
4. *colocar os testes à mostra* (opção do psicólogo). Ao visualizar os exercícios realizados por ele, desmistifica os paradigmas de uma avaliação, dando maior credibilidade. Lembrando que o testando não pode tirar fotos e nem ficar com os testes.
5. *iniciar com os pontos positivos*. Assim como em feedbacks de desempenho, na entrevista devolutiva, o psicólogo também pontua as atitudes e valores positivos, a personalidade segura.
6. *continuar com os pontos de observação e desenvolvimento*. Neste momento, o principal é a reflexão, entendimento e aceitação sobre si mesmo.
7. *finaliza-se com recomendações e aconselhamentos profissionais.*

A entrevista devolutiva deve ser oferecida logo no início do grupo focal, mas agendada apenas quando todas as avaliações já tiverem sido entregues. A empresa deve orientar o psicólogo se o documento físico pode ser entregue, ou se a devolução será apenas verbal.

Recomendo ao psicólogo a máxima transparência possível, de forma a conferir credibilidade ao seu trabalho e aos resultados obtidos. Inicie pelas expectativas. Saiba o que o testando veio buscar com a devolução dos resultados. Considere o caráter subjetivo de uma avaliação e destaque que não existem respostas certas ou erradas, visto que tudo que foi produzido partiu de respostas trazidas por ele mesmo.

Destaque ainda que cabe a ele escolher se quer aceitar os resultados, refletir e crescer a partir disso, ou se prefere ignorar, se defender e nada evoluir. Dessa forma, é possível reduzir as possibilidades de resistência e comprometer o avaliado com seu próprio desenvolvimento e evolução. Caso seja necessário, esclareça sobre os pontos cegos (aquelas características que os outros veem, mas a pessoa não) e o quanto pode ser engrandecedor aprender sobre si mesmo.

Conclua a devolução com orientação sobre seu desenvolvimento e como ele mesmo pode ser condutor de si mesmo nessa trajetória. Faça isso levando palavras fortalecedoras e encorajadoras.

Muitas vezes, quando o gestor se depara com um resultado desfavorável de algum membro de sua equipe, este responde com angústia, dúvida e, às vezes, até mesmo com certa irritação. Por esse motivo, um momento de orientação pode ser importante e elucidativo sobre como ele pode agir e colaborar na recuperação deste colaborador.

É interessante iniciar deixando claro o que lhe cabe fazer e o que não deve fazer, evitando que surjam sentimentos de culpa ou de impotência. Nenhum material ou documento deve ser exposto, preservando, assim, o sigilo e a ética da avaliação realizada.

Destaque a importância de apoiar e facilitar o encaminhamento sugerido de forma a recuperar este colaborador na ocasião da próxima avaliação. Ajude-o a compreender que sempre existe uma possibilidade colaborador voltar a ser apto.

Conclua com orientações para o desenvolvimento do avaliado, esclarecendo o que ele pode fazer, como a equipe pode ajudar e o que deve ser evitado para não agravar a situação.

17

A avaliação de risco psicossocial como indicador para a gestão de pessoas e de saúde e segurança no trabalho (SST)

> *O importante é não parar de questionar. A curiosidade tem sua própria razão de existir"*
> (Albert Einstein)

Existem vários mecanismos de mensuração dos riscos psicossociais. Alguns, diretos e objetivos, outros, indiretos e subjetivos. Algumas ferramentas se propõem a identificar especificamente quais os riscos psicossociais presentes e atuantes no dia a dia de trabalho, permitindo aos gestores planejarem ações que minimizem seus efeitos junto à saúde e à segurança dos trabalhadores.

Inventários específicos de avaliação do contexto de trabalho, de fatores estressores e mapas de riscos apontam com clareza e objetividade os riscos presentes. Já as avaliações psicossociais poderão mostrar os efeitos dos riscos identificados, assim como as entrevistas de desligamento.

Mas o que ainda é o maior desafio? Pesquisar riscos psicossociais nas perícias dos acidentes. Desta forma, teremos uma verdadeira gestão dos riscos psicossociais junto ao reconhecimento deste fator como causador de acidentes de trabalho. Dessa maneira, teremos vencido a resistência em aceitar a interferência dos riscos psicossociais na saúde e segurança do trabalhador.

Existem algumas ferramentas, frutos de trabalhos científicos e, portanto, validadas, que permitem que se busque uma visão mais clara, definida e fidedigna dos fatores e dos riscos psicossociais presentes no ambiente de trabalho. Ferramentas como o PROART, Escala de Cohen e o Questionário de Eustresse e Distresse servem como técnicas para a investigação da realidade organizacional levando os gestores e a uma melhor compreensão da realidade em que estão inseridos.

Já o SRQ-20, foi desenvolvido no Canadá e adaptado para a população brasileira para ser uma ferramenta simples e de baixo custo para uma primeira avaliação de saúde mental. Contudo, cabe esclarecer, embora seja usada por alguns profissionais para avaliação de risco psicossocial, me parece bem mais adequada para uma triagem de psicodiagnóstico, visto que não avalia riscos psicossociais, mas sintomas clínicos de transtornos mentais.

Todas merecem atenção e cuidado na análise dos resultados produzidos, pois apontam, em um primeiro momento, para a realidade de saúde mental da população investigada. A compreensão clara desses resultados dará condições de se planejar intervenções ou novas práticas para prevenir futuros problemas ou para solucionar os já existentes, contribuindo, assim, para a renovação cultural da organização.

Outro importante indicador dos riscos psicossociais é a própria avaliação de risco psicossocial, que tem por foco o indivíduo, e, na soma de resultados individuais, pode produzir resultados grupais e organizacionais. À medida em que as mensurações são realizadas, também será possível observar o modelo de gestão de cada setor e o estilo de liderança de cada líder, no sentido de observar o quanto a saúde mental e os riscos psicossociais estão sendo observados.

Por exemplo, equipes que se mostram em estado de fadiga, de sobrecarga ou sufocadas pelo excesso de exigências e pressões podem estar refletindo um estilo de liderança que não observa as necessidades individuais e os limites, colocando a produtividade e o resultado do setor em primeiro lugar.

As diferenças na qualidade de saúde mental de cada equipe podem estar indicando as necessidades de desenvolver competências socioemocionais, tanto no líder quanto no grupo como um todo.

Tendo esses indicadores, com base em técnicas validadas, podemos pensar em intervenções, sejam grupais ou individuais, que atendam às demandas observadas.

18

Encaminhamentos e recomendações a partir da avaliação de risco psicossocial

> *A melhor maneira de começar alguma coisa é parar de falar e começar a fazer.*
> (Walt Disney)

De nada adiantaria avaliar e nada fazer com um resultado. E, dependendo da dificuldade identificada, ou seja, dependendo do motivo que fez um indivíduo inapto, o encaminhamento deve ser condizente com o indicado. Significa, por exemplo, que se o avaliado está com suspeita de transtornos emocionais, deve ser encaminhado a um psicólogo ou psiquiatra; se estiver com dificuldade de percepção dos riscos, talvez se beneficiasse de um treinamento de reciclagem.

Os encaminhamentos acontecem com todos os INAPTOS como forma de garantir que eles serão recuperados naquilo que os fez não serem aceitos para funções perigosas.

É sempre importante orientar à empresa ou ao RH que esta pessoa seja acompanhada, orientada e apoiada no que for preciso e possível para que possa cuidar de sua saúde mental, garantindo sua segurança no trabalho.

Destaco ainda a importância de a empresa garantir condições de que o encaminhamento será orientado, de que o gestor dará apoio para que as instruções recebidas de encaminhamento sejam seguidas, e de que o próprio avaliado se comprometerá com sua saúde e segurança.

Encaminhamentos frequentes

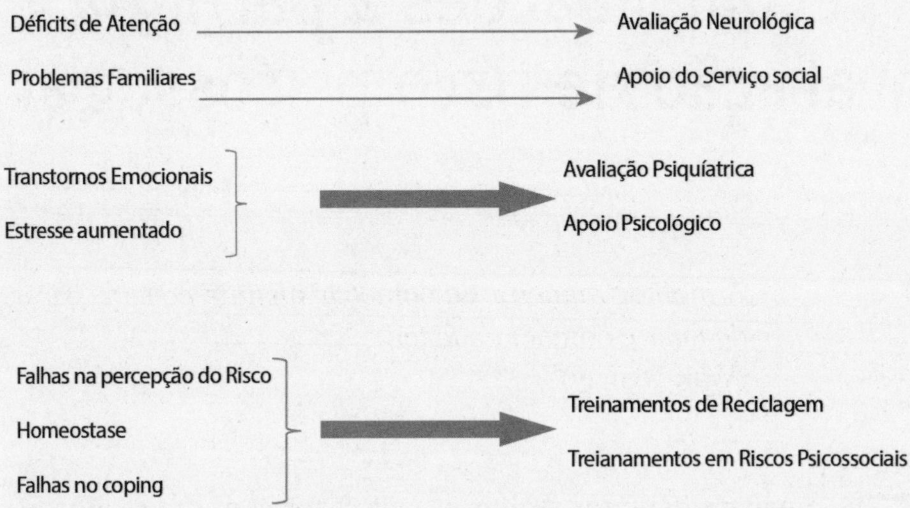

Fonte. Elaborado pela autora

Em caso de encaminhamentos relativos a alguma hipótese clínica, deve ser feita a indicação a outro psicólogo. No entanto, cabe ressaltar que em nenhuma hipótese uma suposição clínica pode ser justificativa para um inapto. Nesses casos, o inapto deve estar sempre explicado através dos conceitos que sustentam a avaliação de risco psicossocial.

Já nos casos de um apto, cabe uma *recomendação* que servirá para orientar o avaliado sobre o que pode ser feito para preservar sua saúde mental e sua segurança no trabalho.

É importante lembrar que não se trata de um psicodiagnóstico, caso contrário, a metodologia seria outra. Não é possível realizar uma avaliação de risco psicossocial e concluir com um psicodiagnóstico. Se queremos um diagnóstico, partimos de sintomas relatados, a análise é outra e o método também. Mas se estamos realizando uma avaliação de risco psicossocial, então nosso objetivo é conhecer as condições psicológicas do indivíduo para lidar com as pressões e ameaças à sua saúde mental e segurança. Talvez haja a suspeita, mas certamente não teremos a certeza por não ter sido este o objetivo final.

19

Estudos, referências e pesquisas em avaliação de risco psicossocial

Estes estudos tiveram início em 2009, em uma empresa multinacional distribuidora de energia, que permitiu a realização do projeto piloto em seu público interno. A amostra foi constituída de 75 eletricistas da região de São Paulo e 45 eletricistas da região do Rio Grande do Sul.

O Objetivo era identificar as técnicas e os construtos que, de fato, apontariam para comportamentos seguros, permitindo, assim, a elaboração de uma metodologia fidedigna.

Diante do desafio de elaborar um método que atendesse ao objetivo final de forma confiável e segura, entendi que precisaria de espaço nas organizações para que pudesse testar algumas premissas. Mas, antes mesmo de pensar em método, alguns aspectos já estavam se destacando, como a questão do MEDO, a importância dos VALORES e CRENÇAS PESSOAIS e da necessidade de uma visão mais aprofundada que nos levasse para além da cortina dos comportamentos. Ficou bastante nítida, também, a importância de conhecer a cultura organizacional e o modelo de gestão existente, ou seja, o quanto era ou não orientado para segurança.

A elaboração do perfil atitudinal

Um dos aspectos que se destacou foi a necessidade de elaborar um perfil atitudinal, já que estava claro que olhar apenas comportamentos não seria suficiente. Mas, antes de tudo, cabe uma breve discussão acerca do conceito de *atitude*, e a diferença entre atitude e *comportamento*. Atitude é o que antecede o comportamento, ou seja, é necessário que haja uma base de *valores* estabelecidos para que as atitudes se manifestem através do comportamento. Este nada mais é que fruto de suas atitudes. Por exemplo, uma atitude tolerante à pressão é demonstrada através de um comportamento tranquilo e seguro.

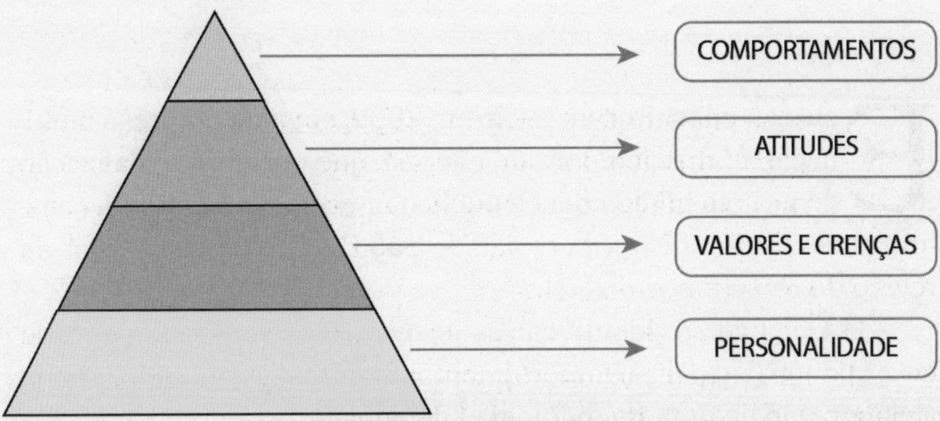

Fonte. Elaborado pela autora

Esta era a ideia central, que gradualmente foi sendo depurada dando lugar a um entendimento mais claro e permitindo que os ajustes necessários fossem feitos.

Podemos agora pensar na elaboração do perfil atitudinal. Mas como fazê-lo? Da forma mais simples e óbvia: pesquisando junto aos profissionais. E foi conversando informalmente com estas pessoas, juntamente com seus líderes, e, somando a isso, a percepção da área de recursos humanos que se fez possível a definição deste parâmetro. Assim podemos compreender e mapear dentro do contexto organizacional, com clareza, sobre como aprofundar o olhar sobre o indivíduo, e como compreender estes aspectos dentro da realidade organizacional. Veja abaixo:

Função pesquisada: eletricista

Perfil atitudinal: autoconhecimento, autogestão, autopreservação, zelo ao outro, tolerância à pressão, reação a adversidades, assertividade, motivação, comprometimento, noção do risco, estabilidade emocional.

Perfil comportamental

- *fundamentais*: disciplina operacional, capacidade de observação, percepção do medo, concentração e precisão.
- *complementares*: comunicação, relacionamento interpessoal, trabalho em equipe, senso de urgência (entendeu-se que haveria comportamentos desejáveis no perfil avaliado, mas que não seriam fundamentais).

No entanto, na medida em que a prática avançava, a elaboração deste perfil foi se mostrando pouco aplicável. Seria necessário mais tempo de dedicação diante da empresa para posterior início da implantação do trabalho, o que passou a se mostrar pouco prático e, de certa forma, descartável, visto que os dados de uma simples visita já poderiam se mostrar suficientes para o preparo da implantação e a formação de uma antevisão da organização e da função.

O uso de testes psicológicos

Os testes psicológicos são uma ferramenta que só pode ser utilizada por psicólogos, e que, sem dúvida, qualificam e diferenciam sua prática profissional. A sua correta utilização pode nos trazer informações sobre as condições de atenção concentrada (um único foco), atenção dividida (entre dois pontos), atenção difusa (entre vários pontos), memória visual e auditiva, assim como pode nos apontar sintomas de estresse e seu nível de comprometimento.

O uso dos testes deve ser explorado amplamente, porém, sempre com um foco de análise bastante claro. Queremos compreender atitudes e toda a base emocional necessária para um comportamento seguro. Através do uso adequado dos testes, o psicólogo tem a condição de ver além do olhar da entrevista para consolidar sua observação com instrumentos científicos e fidedignos que mensuram aspectos psicométricos e de personalidade. Esses métodos conferem ainda mais solidez e segurança para as conclusões finais acerca do avaliado, e favorecem a condição de compreensão do solicitante dessa avaliação.

Mas não posso deixar de enfatizar que os testes têm um papel na metodologia, ou seja, não devem ser tratados como decisivos na conclusão final, mas como um elemento a mais que contribui para a conclusão final. Muitos me procuram querendo saber como fazer uma avaliação de risco psicossocial, mas buscam este saber começando pela pergunta errada: Quais os testes que devo usar para fazer uma avaliação de risco psicossocial? Respondo com outra pergunta: O que você quer avaliar? Essa resposta conduz a uma reflexão sobre o foco e o objetivo.

Seguindo a composição de um método para o projeto piloto, chegou-se ao entendimento que o melhor formato seria:

- DINÂMICA DE GRUPO: para avaliar questões grupais, referentes à cultura e ao ambiente;
- ENTREVISTA ESTRUTURADA: para tomada de decisão e validação das observações
- TESTES PSICOLÓGICOS:
  - PMK (Psicodiagnóstico Miocinético)
  - Zulliger

- D2 (Atenção Concentrada)
- TEDIF (Teste de Atenção Difusa)
- MCR (Mapa dos Comportamentos de Risco que estava sendo estudado como uma ferramenta complementar aos testes)

Por fim, a conclusão sobre os construtos foi validada evidenciando a necessidade de avaliar as áreas de saúde, emoções e cognição, porém, sugerindo que fosse aprofundados aspectos referentes a cenários e cultura, na medida em que os riscos psicossociais têm sua origem nos movimentos sociais.

A entrevista deveria ser estruturada, visto que o que se busca são respostas certas, ou seja, que apontem para atitudes que permitam a formação de comportamentos seguros. A estrutura deveria ser desenhada a partir dos construtos que definem o foco de análise, tornando-se, assim, conclusiva e levando a uma tomada de decisões segura.

Quanto aos testes, era claro que a bateria além de atender a aspectos referentes à atenção, estresse e personalidade, também deveria ser prática e que conferisse um aspecto de agilidade na aplicação e nos levantamentos dos resultados. Na ocasião, a empresa que acolheu o projeto piloto esperava adotar a metodologia aos seus eletricistas, e nesse caso, estamos falando de 2.000 funcionários. Portanto, PMK e Zulliger não seriam viáveis. Já o D2 (teste de atenção concentrada) apresentou muitos escores abaixo do esperado, sendo assim, substituído por outros testes de atenção de menor complexidade, considerando que a população, em sua maioria, possui ensino médio completo.

O MCR não foi levado adiante, dando lugar aos testes de personalidade, sendo que os testes que medem comportamento laboral não apresentam uma correlação direta com os construtos propostos para a avaliação de risco psicossocial. Para esta mensuração, entende-se que os testes psicológicos sejam voltados aos 5 grandes grupos comportamentais (*big five*), fazendo do BFP (Bateria Fatorial de Personalidade) ou NeoPi mais eficazes. Na ocasião, o EFN era bastante usado, mas hoje já existem ferramentas mais adequadas e atualizadas para a avaliação desta estrutura de personalidade.

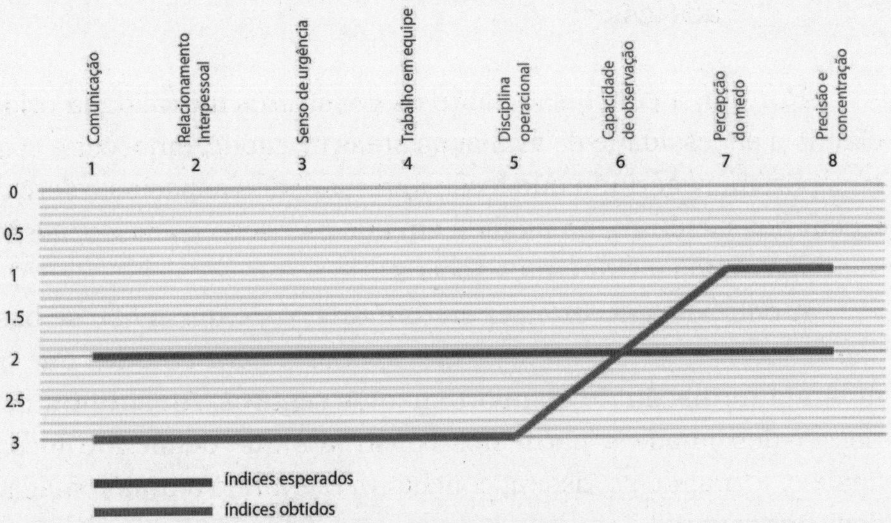

Fonte. Elaborado pela autora

Por fim, foi proposto um modelo de laudo que apresentasse, através de gráfico (já que uma empresa de engenheiros privilegia este tipo de visualização), os resultados obtidos e com uma legenda de acordo com o perfil previamente desenhado. A proposta foi a seguinte:

Legenda:
Linha escura = índices esperados
Linhas claras = índices obtidos
0 = habilidade não observada
1 = habilidade pouco desenvolvida
2 = habilidade desenvolvida na média esperada
3 = habilidade desenvolvida acima da média esperada

- **Indicados***:* colaboradores que apresentam todos os *conceitos comportamentais* esperados em nível no mínimo 2;

- **Necessita de desenvolvimento, mas pode continuar temporariamente na função***:* todos os colaboradores que apresentam variáveis nos *conceitos comportamentais complementares*;
- **Necessita de desenvolvimento, mas deve ser afastado temporariamente da função***:* todos os colaboradores que apresentam qualquer variável abaixo do nível 2 nos *conceitos comportamentais fundamentais*;
- **Não indicados**: colaboradores que apresentam variáveis de conceitos não desenvolvíveis.

Público Avaliado: 35 eletricistas de linha viva da Eletropaulo/SP
Período: maio/junho de 2010

- **Indicados***:* 46% (16)
- **Necessita de desenvolvimento, mas pode continuar temporariamente na função***:* 37% (13)
- **Necessita de desenvolvimento, mas deve ser afastado temporariamente da função***:* 11% (4)
- **Não indicados**: 6% (2)

DADOS ESTATÍSTICOS:

- **8% dos indicados sofreram algum tipo de acidente nos últimos 5 anos**
- **76% dos não indicados sofreram algum tipo de acidente nos últimos 5 anos**

Diante desses resultados, a metodologia foi validada e adotada pela empresa, passando por pequenos ajustes para torná-la mais adequada a uma demanda de 2000 eletricistas.

De 2010 até hoje, atualizações já foram feitas e customizações também, tendo vistas as necessidades de cada organização e de cada setor da economia, mas sem perder em qualidade e validade no seu conjunto de técnicas.

Pesquisa por referenciais

Na ocasião, em busca por referenciais para a continuação dos meus estudos e para a aplicação em minha prática, pude verificar que não existiam no Brasil práticas semelhantes ou que pudessem orientar esta nova demanda. Mas pude encontrar o método utilizado na União Europeia como meio de desenvolver a gestão dos riscos psicossociais.

Este modelo europeu para gestão de riscos psicossociais no local de trabalho (PRIMA-EF) tem como objetivo fornecer um modelo para promover políticas e práticas nos níveis nacional e empresarial na União Europeia (UE). A necessidade de tal modelo se fazia particularmente urgente devido aos dados existentes da UE, que indicavam a alta prevalência de riscos psicossociais à saúde dos trabalhadores e o aumento da ocorrência de problemas como o estresse relacionado ao trabalho e violência, o assédio e o *bullying* (atos de violência física ou psicológica, intencionais e repetidos, praticados com o objetivo de intimidar ou agredir indivíduo(s) incapaz(es) de se defender) no local de trabalho.

Na União Europeia, o estresse relacionado ao trabalho está entre as causas mais comuns de doenças referidas pelos trabalhadores, afetando mais de 40 milhões de pessoas em toda a UE (Fundação Europeia, 2007). A mesma pesquisa revelou que 6% da força de trabalho foi exposta a ameaças de violência física, 4% à violência por parte de outras pessoas e 5% a *bullying* e/ou assédio no trabalho ao longo dos últimos 12 meses.

O Modelo PRIMA prevê, entre outros aspectos, que a avaliação de riscos é elemento central do processo de gestão de riscos. Foi definida pela Comunidade Europeia como um "exame sistemático do trabalho realizado, levando em consideração o que pode causar lesões ou danos; identificar se os perigos podem ser eliminados e, em caso negativo, quais as medidas preventivas ou de proteção são, ou deveriam ser, realizadas para controlar os riscos". A avaliação de riscos fornece informações sobre a natureza e a gravidade do problema, sobre os perigos psicossociais e a forma que eles podem afetar a saúde das pessoas expostas, bem como a "salubridade" da empresa (em termos de questões como o absenteísmo no trabalho, compromisso com a organização, satisfação do trabalhador, a intenção de sair da empresa e a produtividade). Uma avaliação de risco bem conduzida não só identifica os desafios, mas também os dois acordos fechados pelos Parceiros Sociais Europeus também são relevantes: o Acordo Modelo sobre o Estresse no Trabalho (2004) e o Acordo Modelo sobre o Assédio e Violência no Trabalho (2007).

Assim, podemos perceber que o que se entende por risco psicossocial na União Europeia se diferencia conceitualmente e socialmente do que podemos considerar como riscos psicossociais. Considerando todos os aspectos sociais, econômicos e culturais de nosso país, partimos de um entendimento especifico e próprio sobre tudo aquilo que impacta na saúde mental advindo das pressões diárias do trabalho e da vida pessoal. Dessa forma, conclui-se que, se queremos ter uma metodologia eficiente e eficaz para atender as normas regulamentadoras 33 e 35, ou ainda desenvolver meios de, de fato, cuidar dos aspectos de segurança, prevenir acidentes e realizar uma gestão do risco psicossocial competente, então devemos atentar à nossa realidade, aos nossos cenários e à nossa demanda específica para construir nosso caminho.

No Brasil, encontro hoje empresas que se valem de uma grande gama de testes psicológicos, outras se contentam em fazer uso de um simples questionário, acreditando que, com isso, pode-se realizar uma leitura completa para um diagnóstico final. Outras deixam a cargo do médico realizar esta avaliação, por entender que este é o responsável pelo ASO (Atestado de Saúde Ocupacional). Obviamente, cada área se conduz por sua visão e por sua expertise, e não cabe aqui realizar comparações. Mas o que chama atenção é realmente a falta de foco, ou ao menos de coerência, sobre o tema.

Se estamos falando sobre risco psicossocial, não podemos nos limitar a pensar apenas nas questões do trabalho. Certamente, na vida pessoal, entre amigos e família, este risco tem suas contribuições e suas implicações. Do mesmo modo, não podemos nos limitar a aspectos clínicos avaliando apenas os distúrbios ou transtornos que possam estar se apresentando. E foi acreditando nessa complexidade, que segui em frente em busca de mais respostas e novas perguntas.

A Organização Internacional do Trabalho (OIT) define que os Fatores Psicossociais do Trabalho compreendem os aspectos do trabalho em si e do ambiente, tais como: o clima ou cultura da organização; as funções laborais; as relações interpessoais no trabalho; a forma e o conteúdo das tarefas (variedade, alcance, caráter repetitivo, significado). Além disso, compreendem também o ambiente externo à organização (*e.g.*, situações domésticas) e os aspectos do indivíduo (*e.g.*, personalidade e atitudes). Nesse contexto, o conceito de fatores psicossociais do trabalho introduz aspectos subjetivos na gestão dos riscos ocupacionais, em contrapartida aos aspectos considerados objetivos, com os quais os profissionais da segurança e da saúde ocupacional estão, naturalmente, mais familiarizados.

REFERÊNCIAS

Alves, I. C. B., & Esteves, C. (2004). *O teste palográfico na avaliação da personalidade*. São Paulo: Vetor.

Amirkhan, J. H. (1990). A factor analytically derived measure of coping: The Coping Strategy Indicator. Journal of Personality and Social Psychology

Anastasi, A. & Urbina, S. (1997). *Testes Psicológicos*. São Paulo: EPU.

Anderson, C. R. (1977). Locus of control, coping behaviors, and performance in a stress setting: A longitudinal study. *Journal of Applied Psychology*

Azevedo, M. (1997). *A teoria cognitiva social de Albert Bandura*. Lisboa: Universidade de Lisboa, Faculdade de Ciências.

Bar-On, R., & Parker, J. D. A. (Eds.). (2000). *The Handbook of Emotional Intelligence: Theory, Development, Assessment, and Application at Home, School, and in the Workplace*. Jossey-Bass.

Bley, J. (2014). *Comportamento seguro*. Psicologia da segurança no trabalho e a educação para a prevenção de doenças e acidentes. 2. ed. amp. Belo Horizonte-MG: Artesã Editora.

Branden, N. (1995). *Los seis pilares de la autoestima*. Barcelona: Paidós.

Brasil. (1999). *Decreto nº 3.048*, de 6 de maio de 1999: Aprova o Regulamento da Previdência Social, e dá outras providências. Diário Oficial da União, 1, 50-50.

Brasil. Lei nº 14.831, de 27 de março de 2024. *Institui o Certificado Empresa Promotora da Saúde Mental e estabelece os requisitos para a concessão da certificação.* Brasília-DF.

Brasil. Ministério do Trabalho. (2012). *NR 35* – Trabalho em altura. Brasília-DF.

Brasil. Ministério do Trabalho. (2020). *Guia Técnico NR 33* – Segurança e saúde no trabalho em espaços confinados. Brasília-DF.

Brasil. Ministério do Trabalho. *Portaria n° 3.214*, 08 de junho de 1978 (DOU de 06/07/78 - Suplemento). Brasília-DF.

Brasil. Secretaria de Trabalho do Ministério da Economia ou órgão correlato. (2022). Resolução nº 2 de janeiro de 2022. Regulamenta normas e procedimentos para a avaliação psicossocial no contexto da saúde e segurança do trabalhador.

Brockert, S., & Braun, G. (2010). *Teste o Seu Qe* - Inteligência Emocional. Rio de Janeiro: Record.

Bryant, F. B., & Veroff, J. (2017). *Savoring: A new model of positive experience*. Psychology Press.

Burger, J. M. (1989). Negative reactions to increases in perceived personal control. *Journal of Personality and Social Psychology*

Carvalho, M. D. C. N. D., & Moura, A. R. D. M. (1999). *Libere sua competência:* transformando a angústia existencial em energia motivacional e produtividade. Rio de Janeiro: Qualitymark Ed. ABRH Nacional pp. 172-172.

Carver, C. S., & Scheier, M. F. (1994). *Situational Coping and Coping Dispositions in a Stressful Transaction.* Journal of Personality and Social Psychology

CFP – Conselho Federal de Psicologia. *Resolução nº 6*, de 29 de março de 2019. 2019. Disponível em: https://site.cfp.org.br/wp-content/uploads/2019/09/Resolu%C3%A7%C3%A3o-CFP-n--06-2019-comentada.pdf

Chamine, S. (2013). *Inteligência positiva*. São Paulo: Editora Fontanar.

Cloninger, C. R., Svrakic, D. M., & Przybeck, T. R. (1993). A psychobiological model of temperament and character. *Archives of General Psychiatry*, 50(12), 975-990.

Compas, B. E., Banez, G. A., Malcarne, V., & Worsham, N. (1991). *Perceived Control and Coping with Stress: A Developmental Perspective*. Journal of Social Issues

Costa, P. T., & McCrae, R. R. (1986). *Personality, coping, and coping effectiveness in an adult sample*. Journal of Personality

Dale, H. S. (1997). *Teorias del aprendizaje*. Editora Pearson Educación.

Damasio, A. R. (2000). *The Feeling of What Happens: Body and Emotion in the Making of Consciousness*. Harcourt Brace.

Dela Coleta, M. F. (1990). Locus de control de la salud y comportamientos preventivos del cáncer en mujeres. Memorias EVEMO 3. Mérida: Editorial Venezolana.

Endler, N. S., & Parker, J. D. A. (1990). *Multidimensional assessment of coping: A critical evaluation*. Journal of Personality and Social Psychology

Esteves, E. F. (2013). *Protocolo de avaliação dos riscos psicossociais no trabalho* – Contribuições da psicodinâmica do trabalho. Universidade de Brasília – UnB. Instituto de Psicologia Programa de Pós-Graduação em Psicologia Social, do Trabalho e das Organizações.

Folkman, S., & Lazarus, R. S. (1980). An analysis of coping in a middle-aged community sample. *Journal of health and social behavior*, 219-239.

Folkman, S., & Lazarus, R. S. (1985). If it changes it must be a process: study of emotion and coping during three stages of a college examination. *Journal of personality and social psychology*, *48*(1), 150.

Fundação europeia para melhoria das condições de vida e de trabalho. (2007). Acordo modelo sobre assédio e violência no trabalho.

Fuscaldo, L. V. (2012). *Avaliação do temperamento emocional e afetivo em usuários de cocaína*. Pontifícia Universidade católica do RS. Faculdade de Medicina. Programas de Pós graduação e Ciências da Saúde. Porto Alegre, RS.

Gabriel, M. A. (2022). *Laudos psicológicos e outros documentos técnicos*. Rio de Janeiro-RJ: Freitas Bastos Editora.

Gardner, H. (1983). *Frames of Mind: The Theory of Multiple Intelligences*. Basic Books.

Goleman, D. (1999). *Trabalhando com a inteligência emocional*. Rio de Janeiro: Editora Objetiva.

Goleman, D. (2007) *Inteligência emocional*: a teoria revolucionária que define o que é ser inteligente. Rio de Janeiro: Editora Objetiva.

Goleman, D. (2014). *Foco*. A atenção e seu papel fundamental para o sucesso. Rio de janeiro: Editora Objetiva.

Gonzaga, A. (2010). *Conexões inteligentes*: como gerenciar as emoções na vida pessoal e no trabalho. Porto Alegre-RS: AGE Editora.

Holahan, C. J., & Moos, R. H. (1985). *Life Stress and Health: Personality, Coping, and Family Support in Stress Resistance*. Journal of Personality and Social Psychology

Kant, I. (1781). *Kritik der reinen Vernunft* (Crítica da Razão Pura). Riga: Johann Friedrich Hartknoch.

Lefcourt, H. M. (1991). Locus of control. In J. P. Robinson, P. R. Shaver, & L. S. Wrightman (Eds.), Measures of personality and social psychological attitudes (pp. 413-425). London: Academic Press Ltd.

Lipp, M. (2000) Emmanuel Novaes. *Manual do Inventário de Sintomas de Stress para Adultos de Lipp*. São Paulo: Casa do Psicólogo.

Lipp, M. (2022). ISSL-R. São Paulo: Editora Nila Press.

Locke, J. (1689). *An Essay Concerning Human Understanding*. London: T. Basset.

Minicucci, A. (1998). Dinâmica de Grupo - Teorias e Sistemas (3rd ed.). São Paulo: Editora Atlas.

Monteiro, N. L. P. (2009). *Inteligência emocional*: validação de construto do *msceit* numa amostra portuguesa. (Mestrado integrado em Psicologia) Secção de Psicologia Clínica e da Saúde – Núcleo de Psicoterapia Cognitiva-Comportamental e Integrativa. Universidade de Lisboa.

Moos, R. H., & Billings, A. G. (1982). Conceptualizing and measuring coping resources and processes. In L. Goldberger and S. Breznitz (Eds.), Handbook of stress: Theoretical and clinical aspects (pp. 212-230). New York, NY: Free Press.

Nakamura, J., & Csikszentmihalyi, M. (2002). The Concept of Flow. In C. R. Snyder & S. J. Lopez (Eds.), *Handbook of Positive Psychology* (pp. 89–105). Oxford University Press.

Nowicki, S., Jr., & DiGirolamo, A. (1989). The association of external locus of control, nonverbal processing difficulties, and emotional disturbance. Behavioral Disorders, 15(1), 28-34.

O'Brien, T. B., & DeLongis, A. (1996). *The Interactional Context of Problem-, Emotion-, and Relationship-Focused Coping: The Role of the Big Five Personality Factors*. Journal of Personality

OMS – Organização Mundial da Saúde. *CID-11*. (2022). Disponível em: https://icd.who.int/en

Pasquali, L. (2017). *Psicometria: teoria dos testes na psicologia* e *na educação*. Editora Vozes.

Pereira, D. F., & Lobosque, E. (2019). *Desafios da avaliação psicológica na contemporaneidade*. Belo Horizonte: CRP – Minas Gerais.

Pessoa, R. C. (2016). Elaboração de laudos: Um guia descomplicado. São Paulo: Vetor Editora.

Phillips, M. (1999). *Excelência emocional*. Um curso sobre autodomínio. São Paulo: Editora Madras.

PRIMA – Psychological risk management excellence framework. O SESI é responsável pela tradução para o português. Disponível em: http://www.prima-ef.org/.

Rabelo, I. S. (2020). *Bateria Rotas de Atenção. Manual Técnico*. São Paulo: Editora Nila Press.

Robbins, S. P. (1996). Organizational Behavior: Concepts, Controversies, Applications (7th ed.). Prentice Hall.

Rotter, J. B. (1966). Generalized expectancies for internal versus External control of Reinforcement. *Psychological Monographs*, *80.*

Ryan-Wenger, N. M. (1992). A taxonomy of children's coping strategies: A step toward theory development. American Journal of Orthopsychiatry.

Salovey, P., & Mayer, J. D. (1990). Emotional intelligence. *Imagination, cognition and personality*, *9*(3), 185-211.

Sánchez Vázquez, A. (1990). Filosofia da praxis (4th ed.). São Paulo: Paz e Terra.

Santana, K. B. Q. de. (2021) *Como se faz?* Documentos psicológicos. Salvador-BA: Editora Sanar.

Santos, P. de S. (2012). Construção e validação da escala de estresse organizacional. Instituto de Psicologia – Universidade de Brasília, DF.

Savóia, M. G., Santana, P. R., & Mejias, N. P. (1996). Adaptação do inventário de Estratégias de Coping[1] de Folkman e Lazarus para o português. *Psicologia usp*, *7*(1-2), 183-201.

Schiffman, L. G., & Kanuk, L. L. (1977). *Consumer Behavior*

Seligman, M. E. P. (1977). Desamparo: sobre depressão, desenvolvimento e morte. São Paulo: Editora da Universidade de São Paulo.

Seligman, M. E., & Csikszentmihalyi, M. (2000). *Positive psycho-logy: An introduction.* American Psychological Association, 55(1), 5-14.

Selye, H. (1974). *Stress without distress*. Philadelphia, PA: Lippincott.

Shewhart, W. A. (1931). *Economic Control of Quality of Manufactured Product*.

Simmons, B. L., & Nelson, D. L. (2001). *Eustress at work: The relationship between hope and health in hospital nurses*. Health care management review, 26(4), 7-18.

Sisto, F. F. (2007). *Escala de vulnerabilidade ao estresse no trabalho*: EVENT. São Paulo: Vetor.

Sperelakis, N. (Ed.). (2001). *Cell physiology sourcebook: a molecular approach*. Elsevier.

Spinelli, D. (2004). *Autorresponsabilidade*. O grande salto para o empoderamento pessoal. São Paulo: PS Treinamento Empresarial.

Sternberg, R. J. (2000). Psicologia cognitiva. Porto Alegre: Artmed.

Suls, J., David, J. P., & Harvey, J. H. (1996). Personality and coping: Three generations of research. *Journal of personality*, *64*(4), 711-735.

Tapp, J. (1985). *Psychophysiologic Reactions to Stress*. In N. Schneiderman & J. T. Tapp (Eds.), *Behavioral Medicine: The Biopsychosocial Approach* (pp. 99–131). Lawrence Erlbaum Associates, Inc.

Thorndike, R. L., & Stein, S. (1937). An evaluation of the attempts to measure social intelligence. *Psychological bulletin*, *34*(5), 275.

Triandis, H. C. (1994). Culture and Social Behavior. McGraw-Hill

Vaillant, G. E. (1994). *Ego Mechanisms of Defense and Personality Psychopathology*. Journal of Abnormal Psychology

Watson, D., & Hubbard, B. (1996). *Adaptational Style and Dispositional Structure: Coping in the Context of the Five-Factor Model*

Weber, E. H. (1834). *De Tactu: An Essay on the Tactile Senses*. Leipzig: Breitkopf & Härtel.

Wilde, G. (2005). *O limite aceitável do risco*. uma nova psicologia de segurança e de saúde. São Paulo: Casa do Psicólogo.

Anotações

Construindo ideias
e conectando mentes

Este livro foi composto com a tipografia Bookmania
Maio /2025